なんどでもたのしめる！　みんなでたのしめる！　ペーパーゲーム

英語ペーパーチャレラン

厳選・保存版

監修／**伊藤亮介**

こどもくらぶ　編

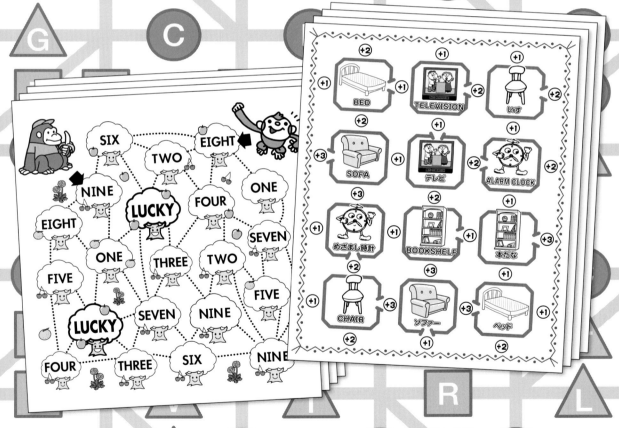

はじめに

「ペーパーチャレラン」の「チャレラン」とは、「チャレンジランキング（Challenge Ranking）」のことです。これはもともと日本でいちばん多くの先生方が加盟している教員団体であるTOSS（教育技術法則化運動）の代表向山洋一先生が考案した活動で、子どもたちがなにかにチャレンジした結果を記録し、そのランキングを競うというものです。身近にあるものを利用したかんたんなあそびに記録で挑戦するのが特徴。チャレンジするゲームは「チャレラン種目」とよばれています。そのペーパーゲーム版が、TOSS所属の伊藤亮介先生が考案した学習ゲーム「ペーパーチャレラン」です。

★

ペーパーチャレランは、「拡散的思考を育てる学習ゲーム」で、答えは非常にたくさんあります。ゲームによっては、何百、何千にもなるものもあります。このような、答えが1つでないゲームをやると、子どもたちは、次のように変化するといわれています。
① **やっているうちにやる気が高まる。**
② **しだいに熱中してくる。**
③ **なんどでもちょうせんしたくなる。**
④ **負けても、次に勝とうという気持ちになる。** （TOSSホームページより）

★

ペーパーチャレランの本はたくさん発行されていますが、この本は、これまで発行されたもののなかで、とくに今人舎刊の『英語ペーパーチャレラン①アルファベット・ローマ字編』『英語ペーパーチャレラン②初級編』『英語ペーパーチャレラン③中級編』をベースにして、こどもくらぶ編集部が、おもしろいと思ったテーマであらたに制作したものです。ぜひ、コピーしてなんかいもチャレンジしてみてください。

こどもくらぶ

この本のつかいかた

もくじ

はじめに …………………………………… 2

この本でおぼえられる英語 ……………… 4

❖ アルファベットをおぼえよう ……… 6

アルファベット・ローマ字編

1.アルファベット●▲■チャレラン … 8
① 大文字●▲■めいろ ………………… 9
② 小文字●▲■めいろ ……………… 10
③ ミックス●▲■めいろ …………… 11

2.アルファベットタイルチャレラン … 12
① 正方形&長方形タイル …………… 13
② カギ型タイル ……………………… 14
③ ハチの巣タイル …………………… 15

3.まいごのねずみチャレラン ……… 16
❖ ローマ字表 ………………………… 18
4.つながるアイウエオチャレラン … 20
5.ローマ字工事中チャレラン ……… 22

キソ編

1.ひろってあつめて!チャレラン … 24
① キャンディをひろって! ………… 26
② 赤ずきんちゃんとお花畑 ………… 27
③ 1週間サッカー …………………… 28
④ 季節のうつりかわり ……………… 29

2.カードあつめチャレラン ………… 30
① お店めぐりめいろ ………………… 32
② お買いものめいろ ………………… 33
③ 動物園めいろ ……………………… 34
④ 水族館めいろ ……………………… 35

3.森のくだものでラッキー ………… 36
4.工事中チャレラン ………………… 38
① こんちゅうめいろ ………………… 40
② 数字めいろ ………………………… 41
③ 乗りものめいろ …………………… 42

④ 洋服めいろ ………………………… 43

5.好きなものじゅんチャレラン …… 44
① おかしめいろ ……………………… 46
② くだものめいろ その1 ………… 47
③ くだものめいろ その2 ………… 48
④ のみものめいろ …………………… 49

6.ペアづくりチャレラン …………… 50
① お天気めいろ ……………………… 52
② からだめいろ ……………………… 53
③ 色ペアめいろ ……………………… 54
④ 教室めいろ ………………………… 55

ハッテン編

1.カードあつめチャレラン ………… 56
① バイキングパーティ ……………… 57
② 街に出かけよう その1 ………… 58
③ 街に出かけよう その2 ………… 59
④ 学校探検隊 その1 ……………… 60
⑤ 学校探検隊 その2 ……………… 61

2.赤チーム・青チームチャレラン … 62
3.好きなものじゅんチャレラン …… 64
① 楽器めいろ ………………………… 65
② スポーツめいろ …………………… 66
③ 季節めいろ ………………………… 67
④ 食べもの頭文字めいろ …………… 68
⑤ 生きもの頭文字めいろ …………… 69

4.英語でしりとりチャレラン ……… 70
5.動物勝ち負けチャレラン ………… 72
6.計算めいろチャレラン …………… 74
① お部屋でめいろ …………………… 76
② ダイニングルームめいろ ………… 77
③ クラブ活動で友だちつくろう …… 78
④ かなえよう、きみの夢 …………… 79

3

この本でおぼえられる英語

この本では、チャレランごとに出てくる英単語と日本語の意味をまとめています。

日本語の部分をかくして、英単語を見ただけで意味がわかるようになったら、頭にある□に✓を入れよう。

●この本にのっているペーパーチャレランにちょうせんすると、下の単語がまなべます。

単語	まなべるページ
あお	51、54
あか	51、54
秋	64、67
あたま	71
あつい	51、52
アナウンサー	75、79
あなた	71
あひる	64、69
あめ	45、46
雨	51、52
あり	39、40
アルコールランプ	75、78
アルバム	71
家	71
いか	31、35
医者	71、75、79
いす	51、55、75、76
1月	25、29
いちご	45、48
いぬ	64、69
いるか	31、35、64、69
うさぎ	31、34
うなぎ	31、35
うま	25、26
海がめ	64、69
えい	31、35
映画館	56、58
英語	56、61
駅	56、58
えんどう豆	64、68
えんぴつ	51、55
王さま	71
おうし	71
おうむ	64、69
おおかみ	25、26
大きい	71
大通り	56、59
おかし屋さん	31、32
お米	31、33
おなか	51、53
オムレツ	56、57
おもちゃ屋さん	31、32
オレンジ（色）	51、54
音楽	56、61
音楽室	56、60
おんせん	63
温度計	75、78
カーネーション	25、27
顔	51、53
科学者	75、79
かき	31、35
かぎ	71
かさ	51、52、71
風	51、52
ガソリンスタンド	56、59
かた	51、53
かたつむり	64、69
学校	71
かに	31、35
かばん	39、43
かぶとむし	39、40
かぼちゃ	64、68
かみなり	51、52
かみの毛	51、53
火曜日	25、28
カラス	71
からだ	71
看護師	75、79
きいろ	51、54
きつね	31、34
きのこ	64、68
着物	63
キャベツ	64、68
牛肉	64、68
牛乳	31、33、64、68
教科書	51、55
教室	56、60
きり	51、52
銀行	56、58
金曜日	25、28
クイズ	71
空気	71
9月	25、29
くじゃく	64、69
くじら	31、35
くだもの	31、33
口	51、53
くつ	39、43
クッキー	45、46
くつした	39、43
くま	31、34
くも	64、69
くらげ	31、35
グラス	75、77
クラブ活動	56、61
車	39、42
くろ	51、54
警察署	56、59
ケーキ	45、46、64、68
消しゴム	51、55
月曜日	25、28
けんび鏡	75、78
コアラ	25、26
幸運	37
公園	71
交番	56、58
こうもり	31、34
コーヒー	45、49
こおり	71
こおろぎ	39、40
5月	25、29
国語	56、61
黒板	51、55
ココア	45、49
コップ	71
こどもの日	63

こま………63	せみ………39、40	ニュース………71	ベッド………75、76
こんちゅう………71	先生…71、75、79	にんじん…64、68	へび………64、69
コンピューター…75、78	ソーダ………45、49	ネックレス…39、43	部屋………71
魚………31、33、71	ソファー………75、76	農家………75、79	ヘリコプター……39、42
さくらんぼ	体育………56、61	ノート………51、55	ペンギン………64、69
………45、48、64、68	体育館………56、60	〜の下に（で）………71	ぼうえん鏡………75、78
さけ…31、35、64、69	大工………75、79	のり………51、55	ぼうし………39、43
サッカー…64、66	台風………51、52	バイオリン…64、65、71	法りつ………71
茶道………63	太陽………71	パイナップル…45、48	ボート………39、42
さむい………51、52	タクシー…39、42、71	パイロット………75、79	保健室………56、60
さめ………64、69	たこ（生きもの）…31、35	はさみ………51、55	ほたる………39、40
皿………75、77	たこ（おもちゃ）…63	はし………75、77	ホチキス………51、55
サラダ………56、57	七夕………63	パジャマ………39、43	ホテル………56、58
さる………31、34	たまご…31、33、71	バス………39、42	ポニー………64、69
3月………25、29	タランチュラ…64、69	バスの運転手…75、79	本だな………75、76
サンドイッチ…56、57	たんぽぽ………25、27	パソコン室………56、60	マーマレード…64、68
しか…31、34、64、69	地下鉄………56、59	はち………39、40	マイク………75、78
4月………25、29	地球………71	8月………25、29	マフラー………39、43
しごと………71	地球ぎ………75、78	ばった………39、40	豆………64、68
辞書………51、55	地図………71	はっぱ………71	ミシン………75、78
7月………25、29	父………71	バナナ…45、47、64、68	水………45、49
七面鳥………64、69	ちゃいろ………51、54	花火………63	道………71
自転車………39、42	ちゅう車場………56、59	花屋さん（お店）…31、32	みどり………51、54
しまうま……31、34、71	ちょう………39、40	花屋さん（職業）…75、79	むらさき………51、54
事務室………56、60	チョーク………51、55	春………64、67	目………51、53
社会………56、61	チョコレート…45、46	バレーボール……64、66	めざまし時計……75、76
じゃがいも………64、68	月………71	パン…31、33、64、68	メロン………64、68
市役所………56、59	月見………63	パンダ………64、69	木曜日………25、28
シャツ………39、43	つばめ………64、69	パン屋さん………31、32	もち………63
週………71	つまさき………51、53	ピアノ…64、65、75、78	もも………64、68
11月………25、29	手………51、53	ビーフシチュー…56、57	門………71
10月………25、29	デザイナー………75、79	ビール…56、57、64、68	八百屋さん………31、32
柔道………63	デパート………56、59	ピクニック………71	やかん………75、77
12月………25、29	手ぶくろ………39、43	飛行機………39、42	やぎ………31、34
正月………63	テレビ………75、76	ひざ………51、53	野球………64、66
じょうぎ………51、55	電車………39、42	ピザ…56、57、64、68	野球選手………75、79
少女………71	てんとうむし…39、40	美術………56、61	野菜………31、33
消防士………75、79	トイレ………56、60	美術室………56、60	薬局………31、32
消防署………56、59	動物園………71	ひつじ…25、26、64、69	郵便局………56、58
女王………71	とうもろこし………64、68	ビデオ………71	雪だるま………51、52
職員室………56、60	図書館………56、60	ひなまつり………63	ゆびわ…39、43、71
書店………56、58	土曜日………25、28	ひまわり………25、27	ようなし………45、47
書道………63	とら………64、69	病院………56、59	らくだ………31、34
しろ………51、54	ドラム…71、75、78	美容師………75、79	らっこ………31、35
水泳………64、66	トランペット…64、65	ピンク………51、54	理科………56、61
すいか………45、48	とり肉………64、68	プール………56、60	理科室………56、60
水曜日………25、28	とんぼ…39、40、64、69	フォーク………75、77	理はつ店………31、32
数学………56、61	ナイフ………75、77	ふぐ………31、35	漁師………75、79
スーパーマーケット…31、32	夏………64、67	ふくろう………31、34	りんご………45、47
スープ………56、57	ナプキン………75、77	ぶた………64、69	レインコート…39、43
スケッチブック…75、78	名前………71	ぶた肉………64、68	レストラン………56、58
スナック………31、33	2月………25、29	ぶどう………45、47	6月………25、29
スパゲッティ…56、57	肉………31、33	ふね………39、42	ロケット………39、42
スプーン………75、77	肉屋さん………31、32	冬………64、67	ワイン………56、57
すみれ………25、27	にじ………51、52	ブラウス………39、43	わかい………71
世界地図………75、78	日曜日………25、28	古い………71	※数字（30語）
せなか………51、53	日本………71	フルート………64、65	………37、39、41、73

アルファベットをおぼえよう

英語の文字（アルファベット）はぜんぶで26文字あるよ。
大文字と小文字はすこしずつ形がちがうね。
大きな声で発音しながらおぼえよう。

大文字

A	B	C	D	E	F
エイ	ビー	スィー	ディー	イー	エフ

N	O	P	Q	R	S
エヌ	オウ	ピー	キュー	アー	エス

小文字

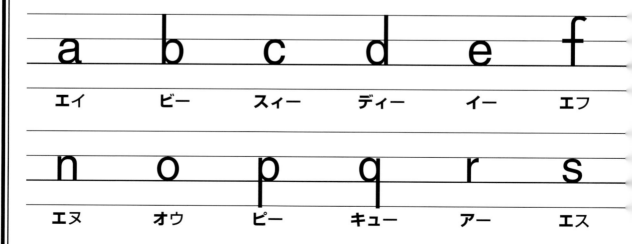

a	b	c	d	e	f
エイ	ビー	スィー	ディー	イー	エフ

n	o	p	q	r	s
エヌ	オウ	ピー	キュー	アー	エス

kodomokurabu

KODOMOKURABU

ローマ字（→p18〜19）でかいた表記だよ。

G	H	I	J	K	L	M
ヂー	エイチ	アイ	ヂェイ	ケイ	エル	エム

T	U	V	W	X	Y	Z
ティー	ユー	ヴィー	ダブリュー	エックス	ワイ	ズィー

g	h	i	j	k	l	m
ヂー	エイチ	アイ	ヂェイ	ケイ	エル	エム

t	u	v	w	x	y	z
ティー	ユー	ヴィー	ダブリュー	エックス	ワイ	ズィー

※教科書でつかわれている字体とは形がことなるものがある。

アルファベット●▲■チャレラン

アルファベット・ローマ字編1

①大文字●▲■めいろ　②小文字●▲■めいろ　③ミックス●▲■めいろ

まずはウォーミングアップ。○、△、□のじゅんばんでアルファベットのめいろをたどって、どれだけ多くのアルファベットを通れるかを競うゲームです。大きな声で読みながら進みましょう。

ゲームのやりかた

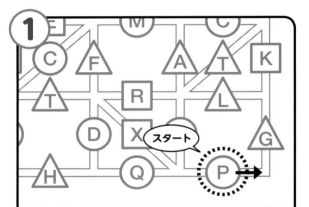

1 めいろのなかの「まる」でかこまれた文字を1つえらび、そこをスタートとします。スタート位置がわかるように、えんぴつでその場所を○でかこみましょう。

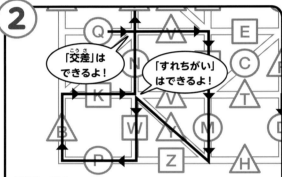

2 めいろの進みかたは○△□のじゅんです。○の次は△、△の次は□、そしてまた○というように、○△□をくりかえして進みます。ただし、一度通った道を通ったりバックしたりすることはできません。

交差点で交差したり、すれちがったりすることはできます。

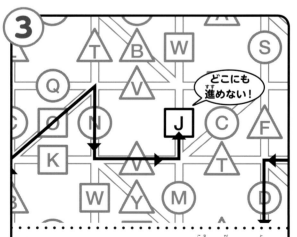

3 ○△□のなかのアルファベットを声に出して読みながら、進みましょう。これ以上、○△□のじゅんに進むことができなくなるまで続けます。

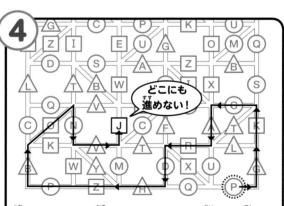

4 最後に得点の計算をしましょう。スタート位置もふくめて、○と△と□を合計いくつ通ったか、かぞえます。それがきみの得点になります。

通った○や△や□の数をかぞえましょう。この例だと15点です。

①大文字●▲■めいろ

まずは大文字のアルファベットでやってみよう。
アルファベットの読みかたは6〜7ページを参考にしてね。

❷小文字●▲■めいろ

次は、アルファベットの小文字にちょうせんだ。大文字とは形がすこしちがうものがあるね。読みかたは6～7ページを参考にしよう。

❸ミックス●▲■めいろ

最後に大文字と小文字がまざった、すこし大きなめいろ。大きな声で読みながら進もう。

アルファベットタイルチャレラン

アルファベット・ローマ字編 2

❶正方形＆長方形タイル　❷カギ型タイル　❸ハチの巣タイル

アルファベットのボードにタイルをあてはめて、どれだけ多くのアルファベットがとれるかを競うゲームです。いろいろためして最高得点をねらいましょう。

ゲームのやりかた

①
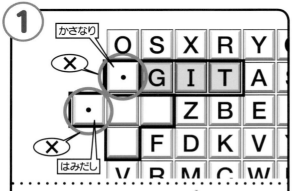

タイルをくみあわせたピースが6個あります。これをアルファベットの大文字がかかれたボードに、あわせていきます。タイルがボードからはみだしたり、ほかのタイルとかさなったりしないようにしましょう。

②
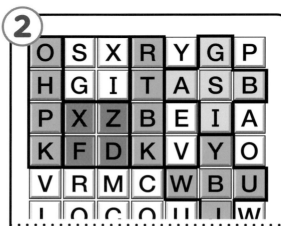

6個すべてをおいたら、タイルがおいてある部分すべてに、えんぴつで色をぬります。これで色をぬったタイルは26個あるはずです。

③

※ボードのアルファベットが小文字の場合、チェック表は大文字になっています。

色をつけたタイルにかいてある大文字のアルファベットとおなじアルファベットの小文字を、下のチェック表からさがして○でかこみます。おなじ文字が何個あっても、○をつけるのは一度だけです。

④

ここでは19個、○がついたから19点だね。

最後に得点の計算をしましょう。下のチェック表のa〜zのなかで、○がついているものが何文字あるかかぞえましょう。これがきみの得点になります。最高得点はぜんぶの文字に○がついた場合で26点となります。

①正方形&長方形タイル

まずは単純な形のタイルでやってみよう。アルファベットのボードは大文字だけど、○をつけるチェック表は小文字になっているよ。

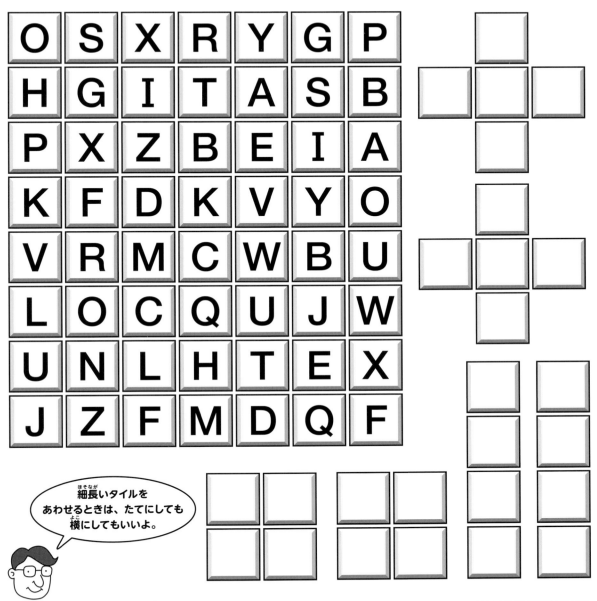

細長いタイルをあわせるときは、たてにしても横にしてもいいよ。

上の表で色をぬったアルファベットに○をつけよう。

チェック表
| a | b | c | d | e | f | g | h | i | j | k | l | m |
| n | o | p | q | r | s | t | u | v | w | x | y | z |

	1回目	2回目	3回目	4回目
さんの得点	点	点	点	点
さんの得点	点	点	点	点

勝ったほうに色をぬろう!

②カギ型タイル

今度はカギ型のタイルが出てくるよ。
タイルはうらがえしたり、たてや横にしてつかってもいいよ。

アルファベットのボードは小文字だから○をつけるチェック表は大文字だね。

r	j	c	k	o	n	f
u	s	s	i	w	i	w
q	m	q	v	k	a	r
d	t	h	e	x	n	l
t	o	z	j	d	p	o
g	f	u	v	j	b	r
y	b	x	z	a	m	g
n	d	l	e	h	z	p

上の表で色をぬったアルファベットに○をつけよう。

チェック表

A B C D E F G H I J K L M
N O P Q R S T U V W X Y Z

	1回目	2回目	3回目	4回目
さんの得点	点	点	点	点
さんの得点	点	点	点	点

勝ったほうに色をぬろう！

③ ハチの巣タイル

六角形型のタイルをハチの巣ボードにあてはめよう。
タイルはうらがえしたり、向きをかえてつかってもいいよ。

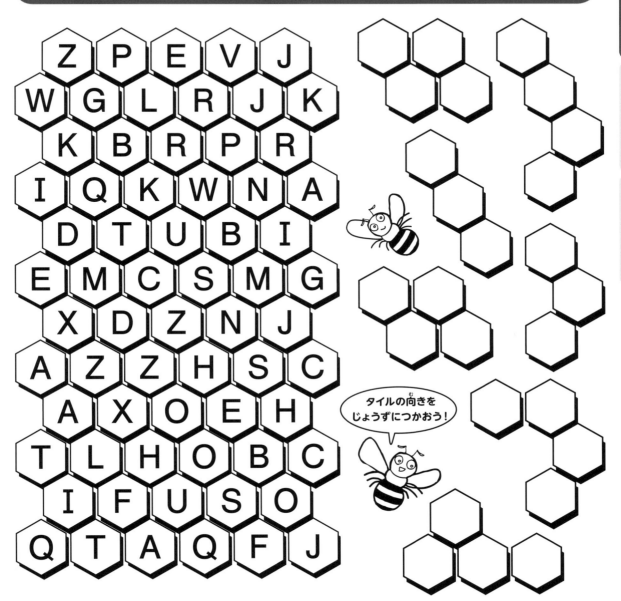

タイルの向きをじょうずにつかおう！

上の表で色をぬったアルファベットに○をつけよう。

| チェック表 | a b c d e f g h i j k l m
n o p q r s t u v w x y z |

勝ったほうに色をぬろう！

まいごのねずみチャレラン

アルファベット・ローマ字編 3

ねずみの子どもたちが、めいろのなかでまいごになってしまいました。正しい道を案内して、お父さんやお母さんのところに帰してあげましょう。

ゲームのやりかた

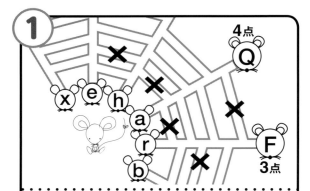

めいろのまんなかにねずみの子どもたちがいます。そこから外に向かってのびる道と、横につながる道があります。横につながる道のなかから、好きな10本をえらんで×をつけてください。その道は、通れなくなります。

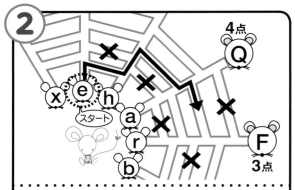

ねずみの子どものうち、1ぴきをえらんでスタートします。ねずみの子どもは、外に向かって進みますが、横につながる道があるとかならず横にまがってしまいます。あみだのようにして、外へ向かっていきましょう。

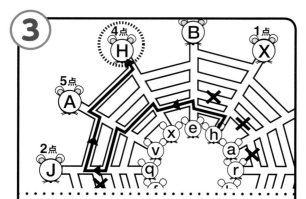

めいろの外には、親ねずみがまっています。子ねずみとおなじアルファベットの大文字をつけているのが、ほんとうの親ねずみです。うまく親子が出会えたら、親ねずみのところにかいてある点数がもらえます。

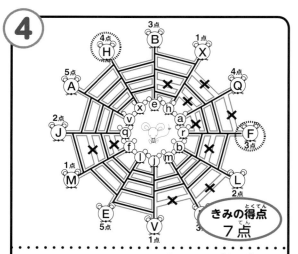

おなじようにして、ぜんぶの子ねずみを外へ出してください。最後に、ぜんぶの点数を合計します。

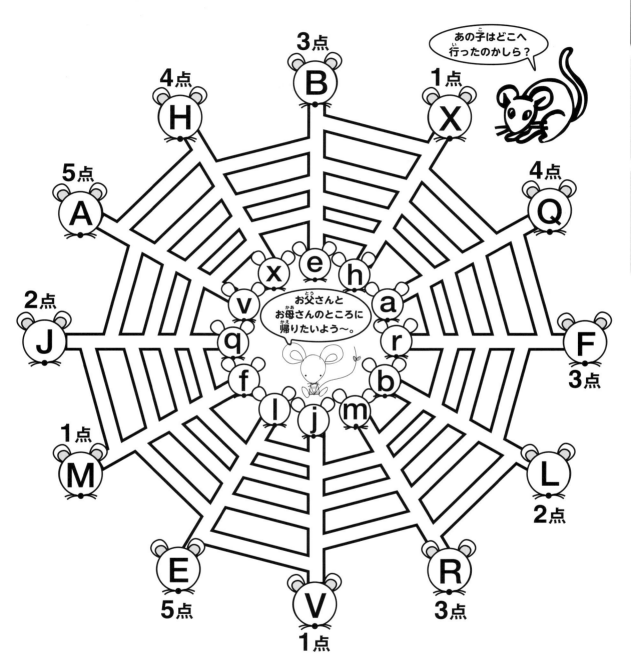

ローマ字表

ローマ字は、日本語をアルファベット（→p6～7）でかくときにつかうよ。
「く」は「KU」、「さ」は「SA」というように、A、I、U、E、O の母音とK、S、Tなどの子音のくみあわせでできているんだ。

	あ	い	う	え	お			
あ行	ア A	イ I	ウ U	エ E	オ O			
か行	カ KA	キ KI	ク KU	ケ KE	コ KO	キャ KYA	キュ KYU	キョ KYO
さ行	サ SA	シ SHI [SI]	ス SU	セ SE	ソ SO	シャ SHA [SYA]	シュ SHU [SYU]	ショ SHO [SYO]
た行	タ TA	チ CHI [TI]	ツ TSU [TU]	テ TE	ト TO	チャ CHA [TYA]	チュ CHU [TYU]	チョ CHO [TYO]
な行	ナ NA	ニ NI	ヌ NU	ネ NE	ノ NO	ニャ NYA	ニュ NYU	ニョ NYO
は行	ハ HA	ヒ HI	フ FU [HU]	ヘ HE	ホ HO	ヒャ HYA	ヒュ HYU	ヒョ HYO
ま行	マ MA	ミ MI	ム MU	メ ME	モ MO	ミャ MYA	ミュ MYU	ミョ MYO
や行	ヤ YA	(イ) (I)	ユ YU	(エ) (E)	ヨ YO	リャ RYA	リュ RYU	リョ RYO
ら行	ラ RA	リ RI	ル RU	レ RE	ロ RO			
わ行	ワ WA	(イ) (I)	(ウ) (U)	(エ) (E)	(オ) (O)			
	ン N							

パソコンをつかうとき、ローマ字をおぼえておくと便利だよ。

	あ	い	う	え	お			
が行	ガ GA	ギ GI	グ GU	ゲ GE	ゴ GO	ギャ GYA	ギュ GYU	ギョ GYO
ざ行	ザ ZA	ジ JI [ZI]	ズ ZU	ゼ ZE	ゾ ZO	ジャ JA [ZYA]	ジュ JU [ZYU]	ジョ JO [ZYO]
だ行	ダ DA	ヂ JI [ZI]	ヅ ZU	デ DE	ド DO			
ば行	バ BA	ビ BI	ブ BU	ベ BE	ボ BO	ビャ BYA	ビュ BYU	ビョ BYO
ぱ行	パ PA	ピ PI	プ PU	ペ PE	ポ PO	ピャ PYA	ピュ PYU	ピョ PYO

※このローマ字は、ヘボン式です。学校の教科書では [ ] 内の表記です。
　アルファベットはすべて大文字であらわされています。

パソコンのキーボードは
こんなふうにアルファベットがならんでいるよ。

つながるアイウエオチャレラン
アルファベット・ローマ字編 4

A→I→U→E→Oのじゅんばんで、めいろのローマ字をたどっていきましょう。通ったローマ字の数を競うゲームです。

ゲームのやりかた

①

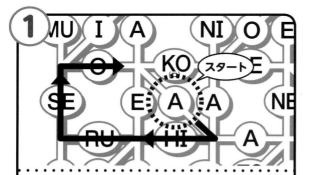

めいろにはローマ字がたくさんならんでいます。まず母音が「A」のローマ字を1つえらび、〇をつけます。そこから、母音が「I」の文字に進みます。次は、母音が「U」、「E」、そして、「O」とじゅんに進み、また母音が「A」の文字にもどって、これをくりかえします。

②

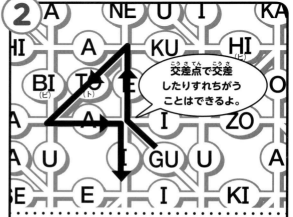

道を通るとき、交差点で交差したり、すれちがったりすることはできますが、道をもどったり、一度通った道をまた通ったりすることはできません。

③

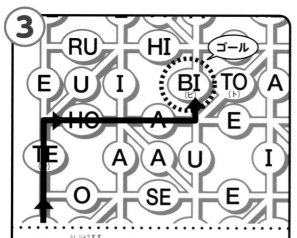

もうこれ以上進めなくなったらおわりです。スタートをふくめてそれまで通ったローマ字の数が、きみの得点になります。

④

通ったローマ字を読みながら、〇でかこんでいきましょう。自分が通ったローマ字をすべて読めた人は、ボーナス点を10点をもらうことができます。

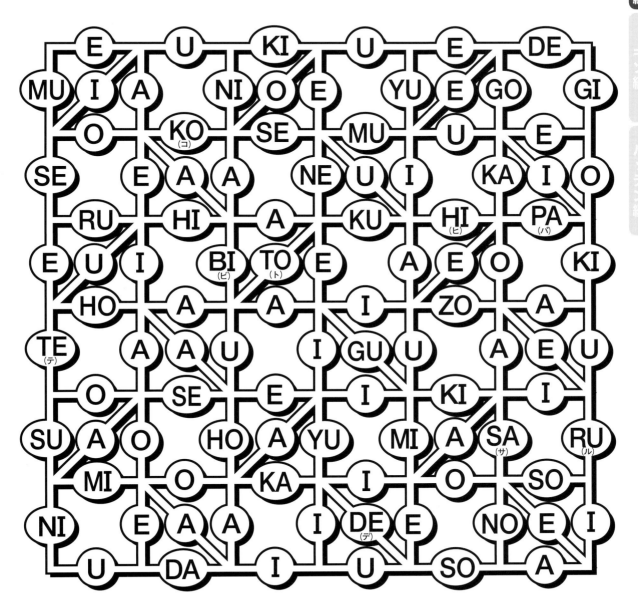

ローマ字工事中チャレラン

ローマ字とひらがなでかかれた単語がならんでいるめいろ。単語を通るごとに、おなじ読みかたの単語に×をつけます。進むごとに、通れる場所がへっていくふしぎなめいろです。

ゲームのやりかた

1
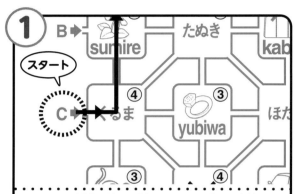

めいろの左右にAからJまでの10か所の入口があります。そのなかのどれか1つをえらんで、めいろに入りましょう。めいろのなかにはローマ字でかかれた単語と、ひらがなでかかれた単語がならんでいます。

2
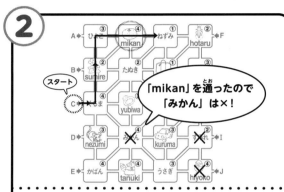

「mikan」を通ったので「みかん」は×！

めいろを進みながら、通った単語とおなじ読みの単語に×じるしをつけてください（「mikan」を通ったときは「みかん」に×じるしをつける）。×をつけた単語はもう通ることはできません。また、一度通った道も通れません。

3
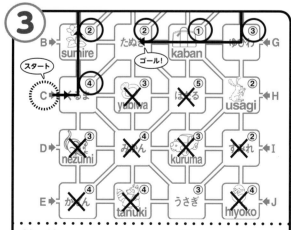

道の先に×がついていて、もう進めなくなったらおわりです。通った単語の点数に○をつけておきましょう。

4
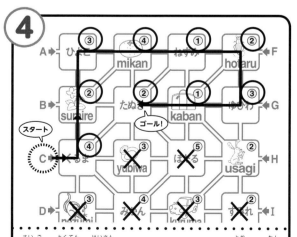

最後に得点を計算しましょう。それまでに通った単語についている点数をぜんぶ足してください。それがきみの得点です。

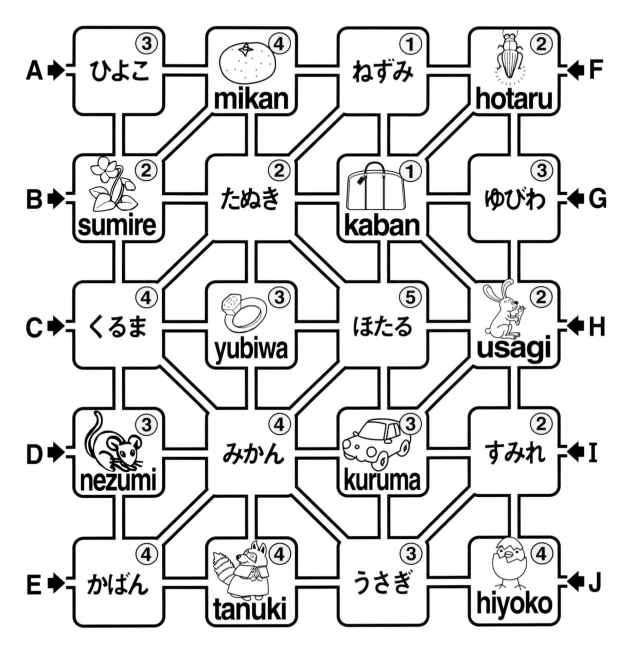

キソ編 1　ひろってあつめて！チャレラン

❶キャンディをひろって！　❷赤ずきんちゃんとお花畑　❸1週間サッカー　❹季節のうつりかわり

まず最初は、いちばんかんたんなルールの問題からチャレンジしましょう。めいろに入って、きめられた出口へ行くまでに、落ちているキャンディやお花をたくさんひろうゲームです。

ゲームのやりかた

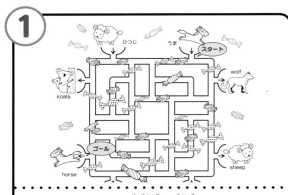

めいろのまわりに、日本語と英語がかかれています。日本語のかかれた入口を1つえらんで、めいろのなかに入りましょう。それとおなじ意味をあらわす英語が出口になります。たとえば、「うま」から入ったら、「horse」が出口になります。

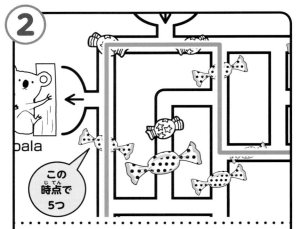

めいろのとちゅうには、キャンディやお花が落ちています（この例ではキャンディ）。それをひろいながら進みましょう。

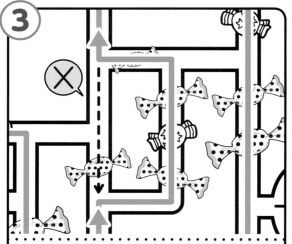

進みかたは自由ですが、おなじ道をもう一度通ったり、バックしたりすることはできません。

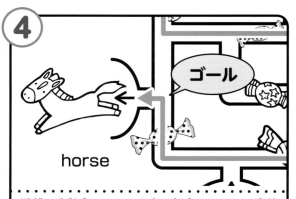

入口の日本語とおなじ意味の英語がかかれた出口についたら、そこでおわりです。ひろったキャンディやお花の数の合計がきみの得点です。出口にたどりつけないと0点になってしまうので、じょうずにすすみましょう。

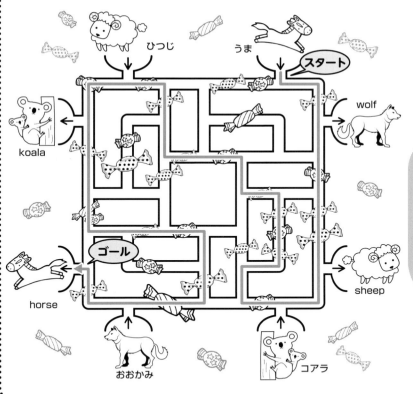

この例では、22個のキャンディをひろったので、得点は22点になるね。

今回つかう単語はコレ

【動物】
- ☐ horse = うま
- ☐ koala = コアラ
- ☐ sheep = ひつじ
- ☐ wolf = おおかみ

【お花】
- ☐ carnation = カーネーション
- ☐ dandelion = たんぽぽ
- ☐ sunflower = ひまわり
- ☐ violet = すみれ

【曜日の名前】
- ☐ SUNDAY = 日曜日
- ☐ MONDAY = 月曜日
- ☐ TUESDAY = 火曜日
- ☐ WEDNESDAY = 水曜日
- ☐ THURSDAY = 木曜日
- ☐ FRIDAY = 金曜日
- ☐ SATURDAY = 土曜日

【月の名前】
- ☐ January = 1月
- ☐ February = 2月
- ☐ March = 3月
- ☐ April = 4月
- ☐ May = 5月
- ☐ June = 6月
- ☐ July = 7月
- ☐ August = 8月
- ☐ September = 9月
- ☐ October = 10月
- ☐ November = 11月
- ☐ December = 12月

※ 単語表は、本文の表記通りです。

①キャンディをひろって！

めいろに落ちているキャンディをひろいながら進もう。
すぐに出口に行くより、遠まわりしたほうがたくさんひろえるよ。

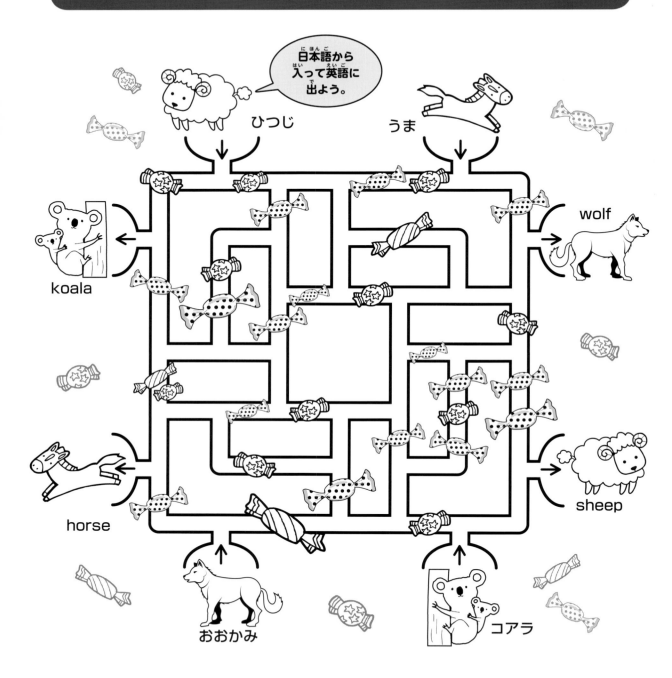

②赤ずきんちゃんとお花畑

めいろになっているお花畑に入って、お花をつみながら歩いてね。
出口をまちがえないように注意しよう。

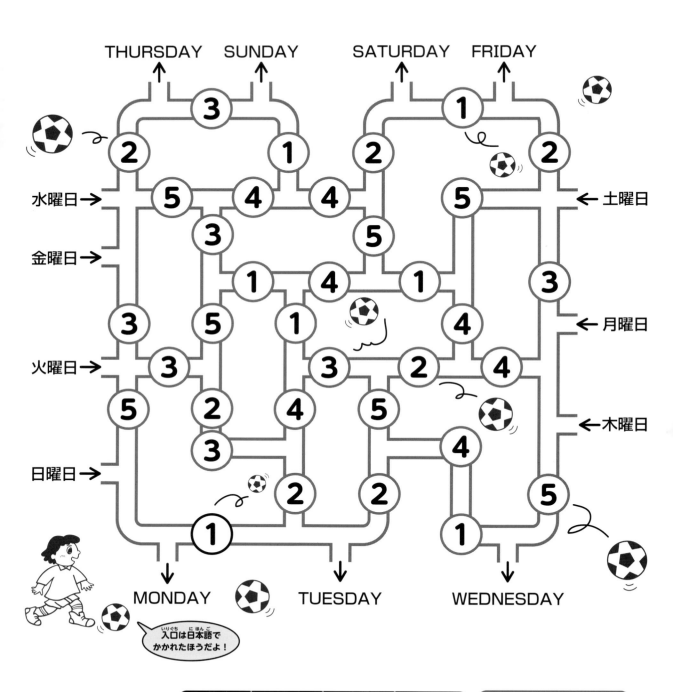

④季節のうつりかわり

キソ編 1

このめいろも、道のとちゅうにかかれた数字をあつめて進むよ。
高得点をねらうにはどの道を通ったらいいかな？

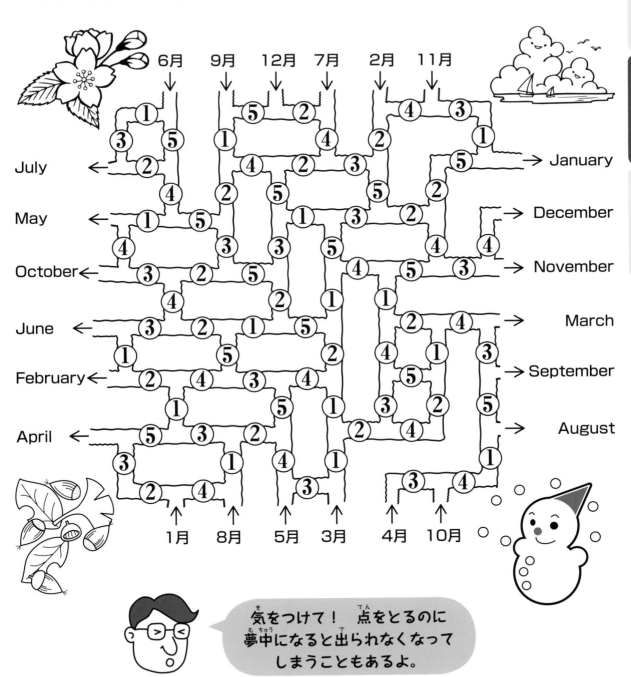

気をつけて！　点をとるのに夢中になると出られなくなってしまうこともあるよ。

	1回目	2回目	3回目	4回目
さんの得点	点	点	点	点
さんの得点	点	点	点	点

勝ったほうに色をぬろう！

キソ編 2 カードあつめチャレラン

❶お店めぐりめいろ　❷お買いものめいろ　❸動物園めいろ　❹水族館めいろ

街にあるお店、スーパー、動物園……いろんなところを歩きまわって、カードをたくさんあつめましょう。英語と日本語のカードがそろうと高得点になります。がんばりましょう！

ゲームのやりかた

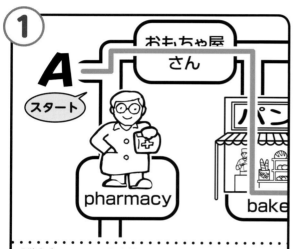

ABCDの4つの出入口のどれか1つをえらんで、めいろのなかに入ります。

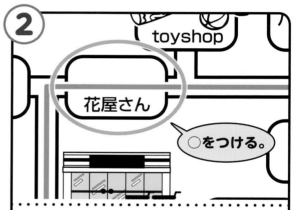

日本語や英語のカードをひろいながら進みます。ひろったカードには、えんぴつで○をつけておきましょう。進みかたは自由ですが、おなじ道をもう一度通ったり、バックしてはいけません。

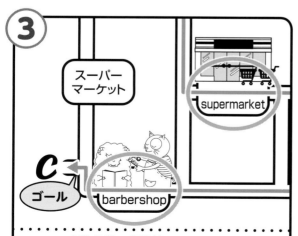

スタート地点以外の出入口のどれかから、外へ出たらおわりです。ひろったカード1まいにつき、1点がもらえます。

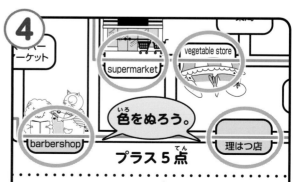

プラス5点

ひろったカードのなかに、英語と日本語でおなじものをあらわすカードが2まいそろっていたら、ペアとしてそのカードをうすくぬりましょう。たとえば「barbershop」と「理はつ店」のカードがそろったら、ペアになります。1つのペアにつき5点を得点に足すことができます。

こたえの例

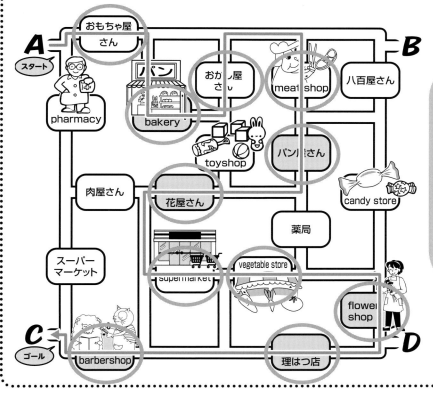

この例では、ひろったカード11まい、ペアの数3組なので、11点＋（3組×5点）＝26点で、得点は26点。

今回つかう単語はコレ

【お店】
- [ ] bakery ＝パン屋さん
- [ ] barbershop＝理はつ店
- [ ] candy store＝おかし屋さん
- [ ] flower shop＝花屋さん
- [ ] meat shop＝肉屋さん
- [ ] pharmacy＝薬局
- [ ] supermarket＝スーパーマーケット
- [ ] toyshop＝おもちゃ屋さん
- [ ] vegetable store＝八百屋さん

【食品】
- [ ] BREAD ＝パン
- [ ] EGG ＝たまご
- [ ] FISH ＝魚
- [ ] FRUIT ＝くだもの
- [ ] MEAT ＝肉
- [ ] MILK ＝牛乳
- [ ] RICE ＝お米
- [ ] SNACK ＝スナック
- [ ] VEGETABLE＝野菜

【動物】
- [ ] bat ＝こうもり
- [ ] bear ＝くま
- [ ] camel ＝らくだ
- [ ] deer ＝しか
- [ ] fox ＝きつね
- [ ] goat ＝やぎ
- [ ] monkey ＝さる
- [ ] owl ＝ふくろう
- [ ] rabbit ＝うさぎ
- [ ] zebra ＝しまうま

【水のなかにいる生きもの】
- [ ] crab ＝かに
- [ ] dolphin ＝いるか
- [ ] eel ＝うなぎ
- [ ] globefish＝ふぐ
- [ ] jellyfish ＝くらげ
- [ ] octopus＝たこ
- [ ] oyster ＝かき
- [ ] ray ＝えい
- [ ] salmon ＝さけ
- [ ] sea otter＝らっこ
- [ ] squid ＝いか
- [ ] whale ＝くじら

※ 単語表は、本文の表記通りです。

キソ編 2 ①お店めぐりめいろ

街のなかにはいろんなお店があるね。
なるべくたくさんのお店をまわって、お買いものをしよう。

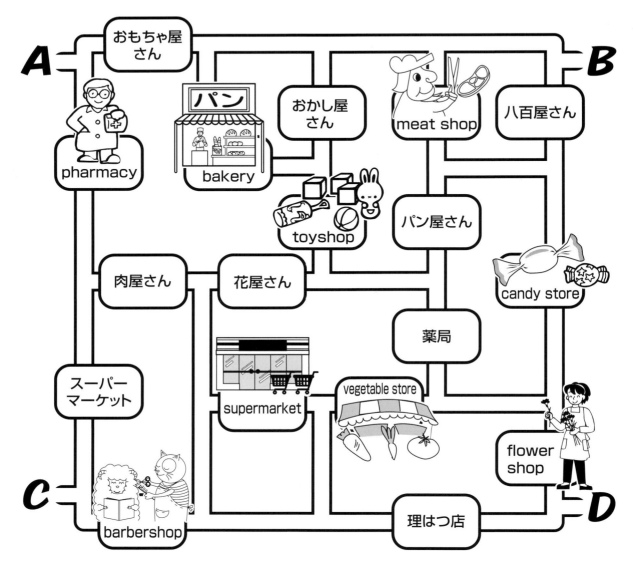

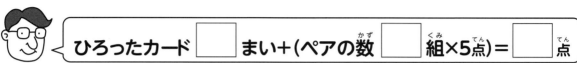

ひろったカード □ まい+(ペアの数 □ 組×5点)= □ 点

	1回目	2回目	3回目	4回目
さんの得点	点	点	点	点
さんの得点	点	点	点	点

勝ったほうに色をぬろう!

キソ編 2 ❷お買いものめいろ

今度はスーパーでお買いもの。
カードにかかれた品ものをぜんぶあつめられるかな？

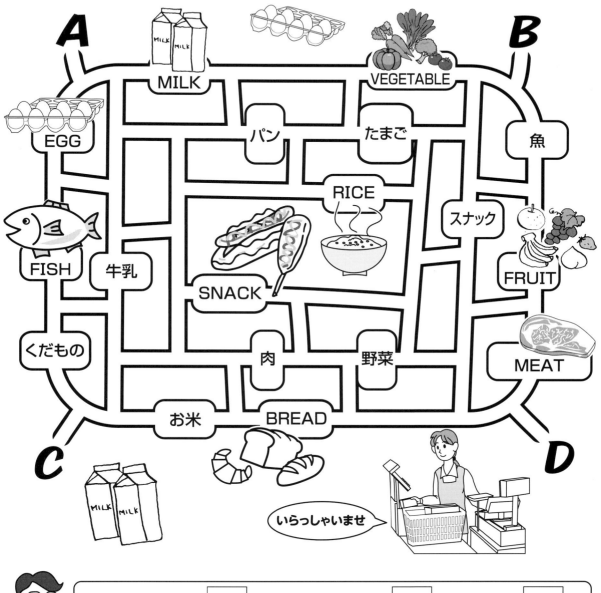

ひろったカード ☐ まい+(ペアの数 ☐ 組×5点)＝ ☐ 点

キソ編2 ❸動物園めいろ

動物園（zoo）にはきみたちの好きな動物がいっぱいいるよ。
できるだけたくさんの動物を見てまわろう。

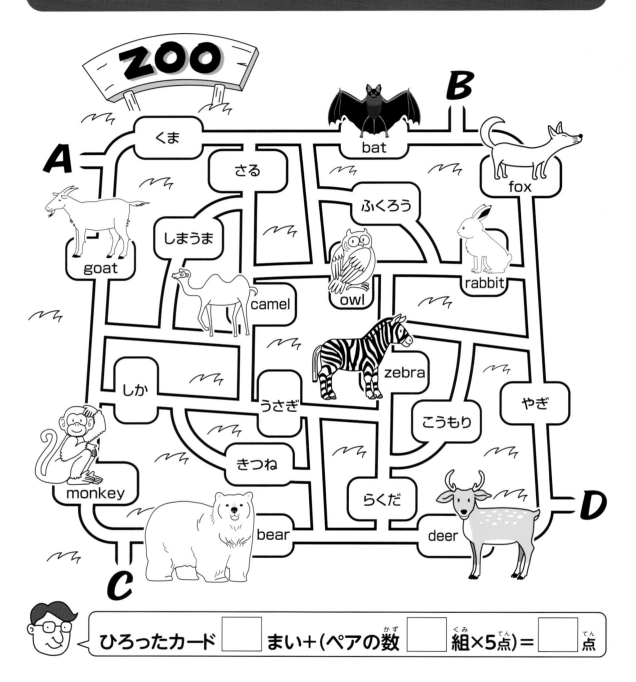

ひろったカード ☐ まい ＋（ペアの数 ☐ 組×5点）＝ ☐ 点

		1回目	2回目	3回目	4回目
	さんの得点	点	点	点	点
	さんの得点	点	点	点	点

勝ったほうに色をぬろう！

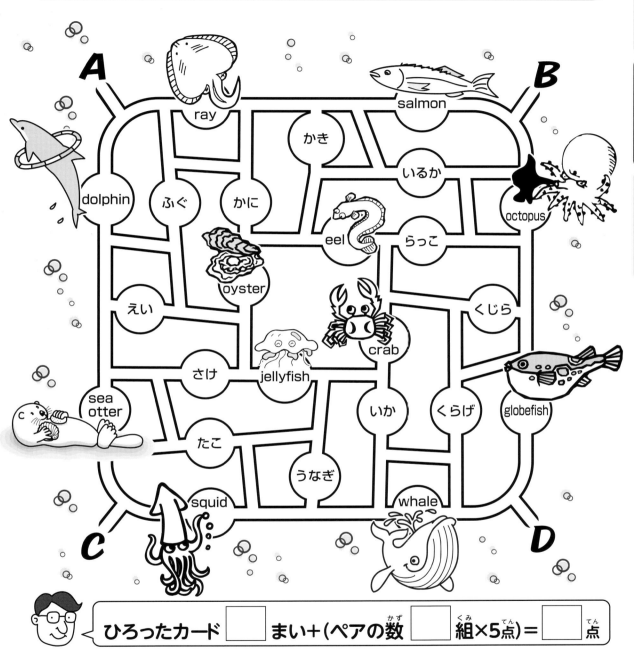

キソ編 3 森のくだものでラッキー

さるやゴリラになって、くだものがなっている木をまわり、得点をあつめていくゲームです。「LUCKY（ラッキー）」の木を通ると、なんと点数が2倍に！ くふうして高得点をめざしましょう。

ゲームのやりかた

①

まず、さるかゴリラのどちらかをえらんで、○でかこみます。そこから、めいろに入っていきます。

②

めいろの進みかたは自由です。点線をなぞって実線にしながら、進んでいきましょう。一度通った木は、もう通ることができません。

③

通った木にかいてある英語の数字を足しながら進みましょう。「LUCKY」とかいてある木を通れば、ラッキー！ それまでの合計点を2倍にします（たとえば、それまでの合計点が26点だったら、26×2で52点となります）。

④

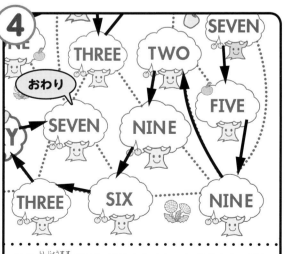

これ以上進むことができなくなったらおわり。それまでの合計点がきみの得点になります。

キソ編 4 工事中チャレラン

❶こんちゅうめいろ ❷数字めいろ ❸乗りものめいろ ❹洋服めいろ

だんだんむずかしいゲームになってきました。今度は、一歩進むたびにどこかのカードが通れなくなる、ふしぎなめいろ。気をつけて進まないと、すぐに行きどまりになってしまいます。

ゲームのやりかた

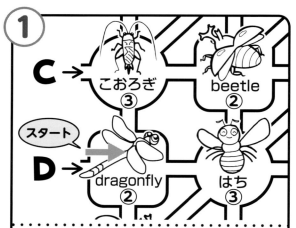

めいろの左右に、AからJまで10か所の入口があります。そのなかのどれか1つをえらんで、めいろに入ります。

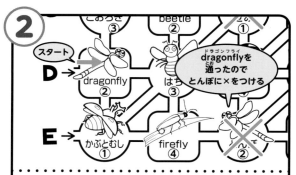

カードのなかには絵がかかれていますが、下の文字には日本語と英語があります。1つのカードに進んだら、おなじ絵のかいてあるもう1つのカードをさがして、そこに×じるしをつけてください。たとえば「dragonfly」を通ったときは、「とんぼ」に×じるしをつけます。

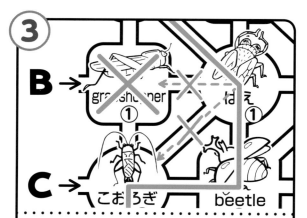

×をつけたカードにはもう進むことはできません。また、一度通ったカードはもう通れません。このようにして進んでいって、それ以上どこにも進めなくなったらおわりです。

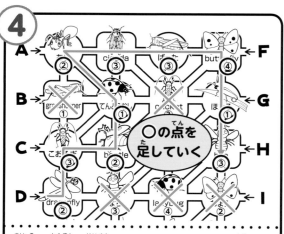

最後に得点を計算しましょう。それまでに通ったカードの下にかかれた点数を全部足してください。それがきみの得点です。

こたえの例

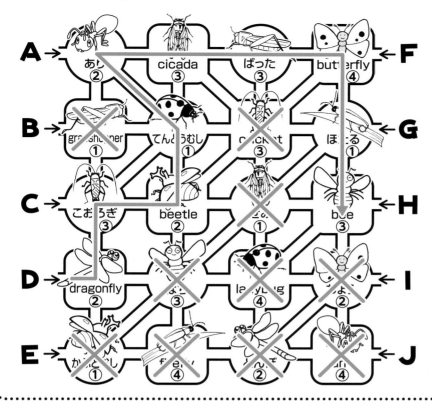

この例では、
②+③+②+
①+②+③+
③+④+①+
③=24で、
得点は
24点だね。

今回つかう単語はコレ

【こんちゅう】
- ant = あり
- bee = はち
- beetle = かぶとむし
- butterfly = ちょう
- cicada = せみ
- cricket = こおろぎ
- dragonfly = とんぼ
- firefly = ほたる
- grasshopper = ばった
- ladybug = てんとうむし

【数字】
- ONE = 1
- TWO = 2
- THREE = 3
- FOUR = 4
- FIVE = 5
- SIX = 6
- SEVEN = 7
- EIGHT = 8
- NINE = 9
- TEN = 10

【乗りもの】
- airplane = 飛行機
- bicycle = 自転車
- boat = ボート
- bus = バス
- car = 車
- helicopter = ヘリコプター
- rocket = ロケット
- ship = ふね
- taxi = タクシー
- train = 電車

【身につけるもの】
- bag = かばん
- blouse = ブラウス
- gloves = 手ぶくろ
- hat = ぼうし
- muffler = マフラー
- necklace = ネックレス
- pajamas = パジャマ
- raincoat = レインコート
- ring = ゆびわ
- shirt = シャツ
- shoes = くつ
- socks = くつした

※単語表は、本文の表記通りです。

39

キソ編4 ①こんちゅうめいろ

めいろにはこんちゅうがいっぱい。
できるだけ高得点のこんちゅうを通っていこう。

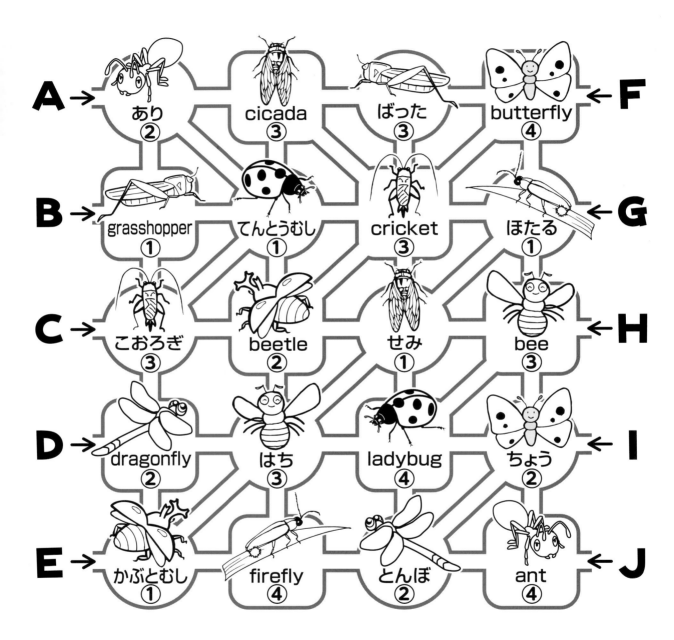

❷数字めいろ

今度は数字のめいろ。通った数字がそのまま得点になるよ。
わからない英語の意味は39ページの単語表を見てみよう。

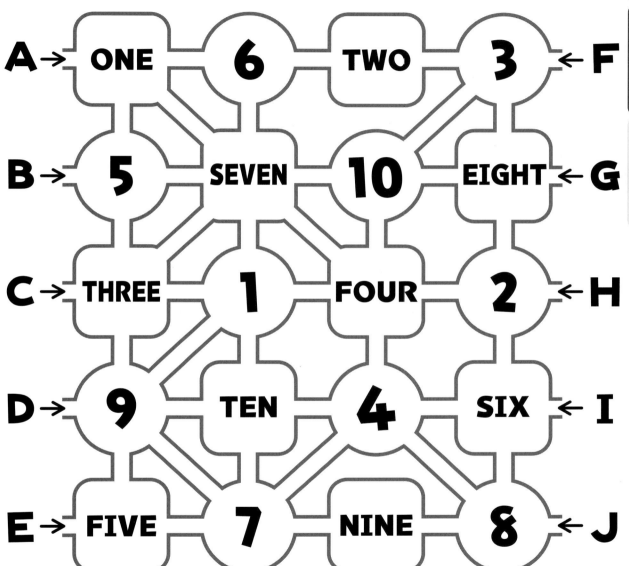

❸乗りものめいろ

キソ編 4

絵がつくのは英語のほうだけ。絵をヒントにおなじ意味の日本語をさがそう。
英語の意味がわからなかったら、39ページにある単語表を見てみよう。

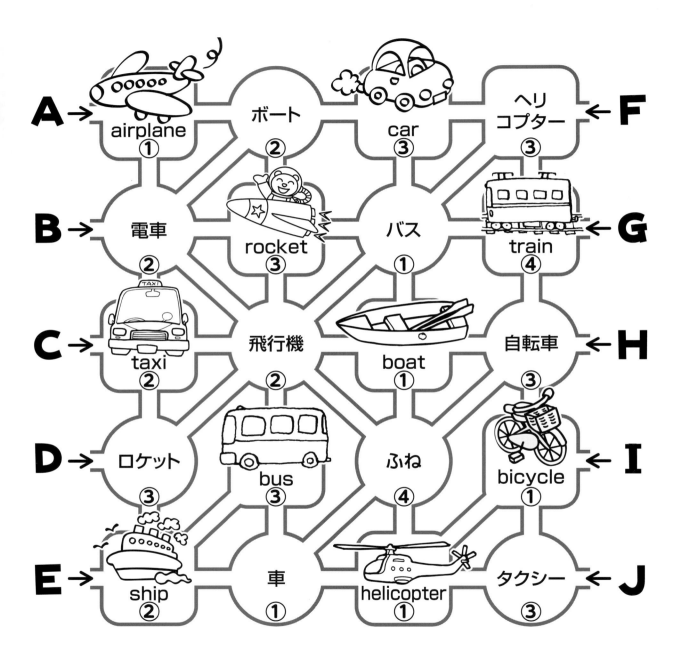

④洋服めいろ

いままでよりすこし大きいめいろになったよ。
服に関する単語のほか、身につけるものがいろいろ出てくるよ。

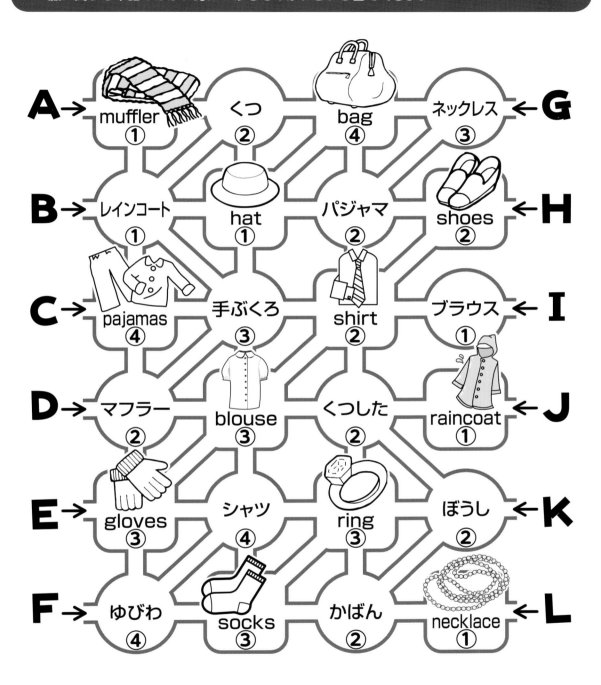

勝ったほうに色をぬろう！

キソ編5 好きなものじゅんチャレラン

❶おかしめいろ　❷くだものめいろ その1　❸くだものめいろ その2　❹のみものめいろ

4種類の食べものに好きなじゅんばんをつけて、そのじゅんばん通りに進んでいくめいろです。どこまで進めるでしょうか？

ゲームのやりかた

①

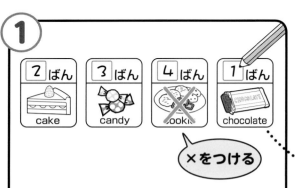

めいろの上に4つの食べものの絵がかいてあります。4つのなかで、好きなじゅんばんに□のなかに数字をかきましょう。4ばん目に好きなものは通れなくなるので、×をつけます。めいろのなかでもおなじように×をつけておきましょう。

②

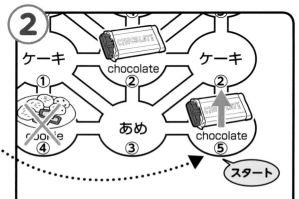

めいろのなかで、自分が1ばんをつけた食べものを1つえらんで、スタート地点とします。次に進めるのは、自分が2ばんをつけた食べものです。2の次は3に進み、3の次はまた1にもどります。

③

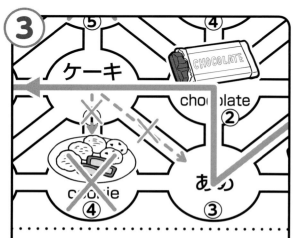

こうして、1→2→3→1→2→3……とくりかえして進みます。×をつけた食べもののところには進めません。一度通ったところにも進めません。

④

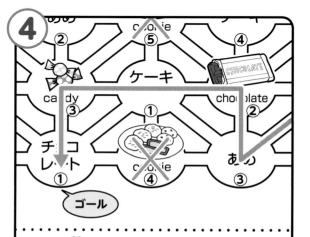

どこにも進めなくなったらそこがゴール。それまでに通った食べものの下にかかれている点数を合計します。それがきみの得点です。

こたえの例

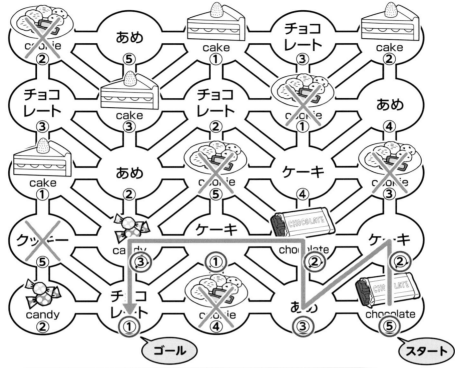

この例では、
⑤点＋②点＋③点＋②点＋①点＋③点＋①点＝17点で、
得点は17点になるよ。

今回つかう単語はコレ

【おかし】
- ☐ cake = ケーキ
- ☐ candy = あめ
- ☐ chocolate = チョコレート
- ☐ cookie = クッキー

【くだもの】
- ☐ apple = りんご
- ☐ banana = バナナ
- ☐ cherry = さくらんぼ
- ☐ grape = ぶどう
- ☐ pear = ようなし
- ☐ pineapple = パイナップル
- ☐ strawberry = いちご
- ☐ watermelon = すいか

【のみもの】
- ☐ COCOA = ココア
- ☐ COFFEE = コーヒー
- ☐ SODA = ソーダ
- ☐ WATER = 水

※ 単語表は、本文の表記通りです。

キソ編5 ❶おかしめいろ

きみはどのおかしがいちばん好き？
じゅんばんをまちがえないように気をつけて進んでいこう。

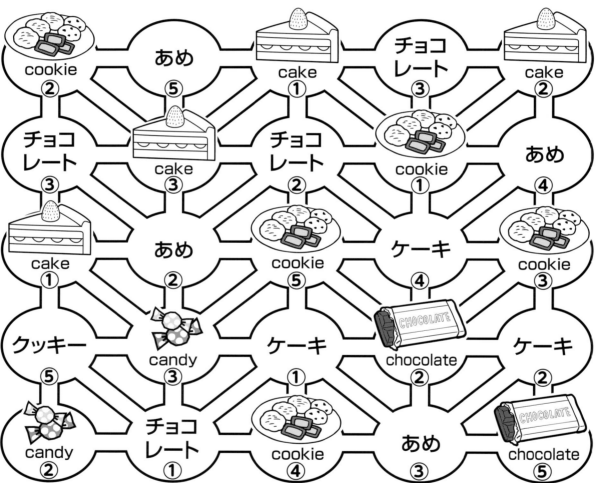

キソ編 5 ❷ くだものめいろ その1

長くつづけるのは意外とむずかしいよ。
なるべく得点の高いカードをねらってスタート地点をきめよう。

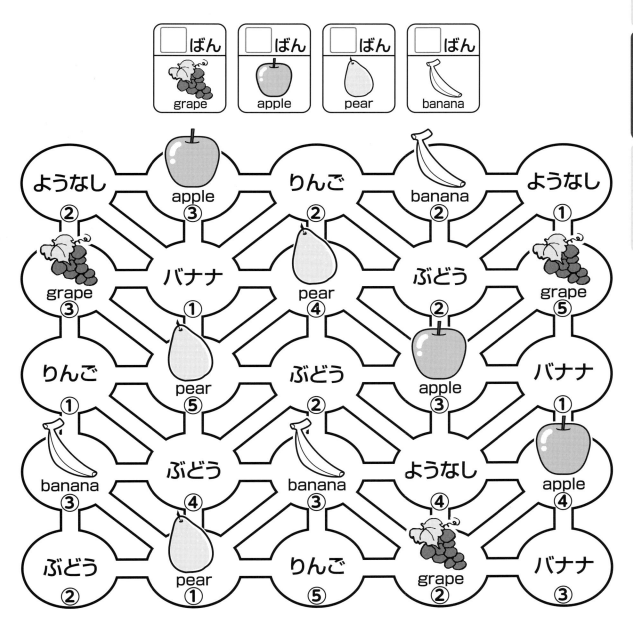

キソ編 5 ❸くだものめいろ その2

今度のめいろは、英語しかかいていないところがあるよ。
どのくだものかわかるかな？ じゅんばんをつけた絵がヒントになるよ。

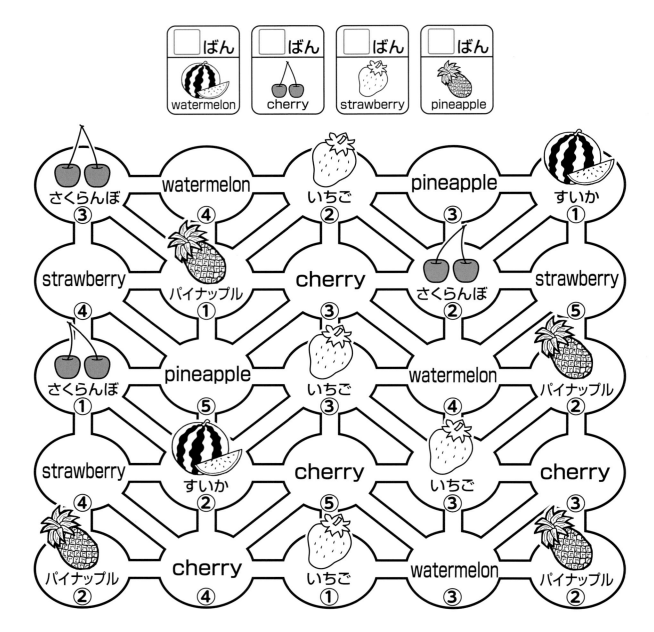

❹ のみものめいろ

最後はのみもの。英語をおぼえてしまえばスイスイ進めるよ。がんばって！

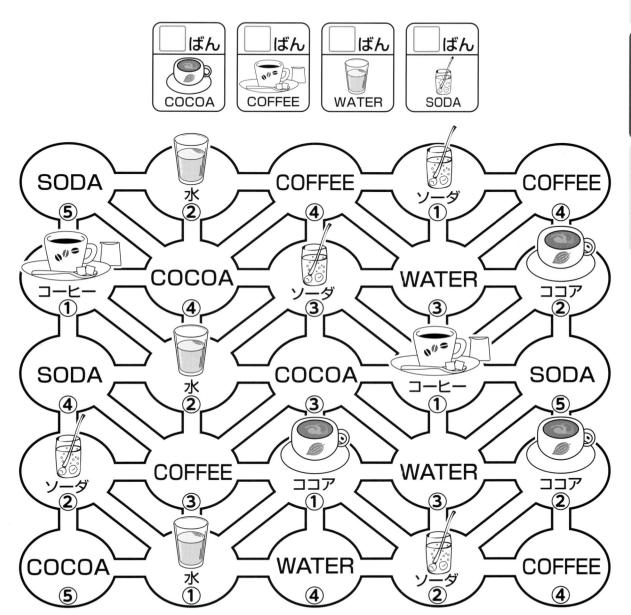

キソ編 6 ペアづくりチャレラン

❶お天気めいろ　❷からだめいろ　❸色ペアめいろ　❹教室めいろ

ひろったカードのなかで、英語と日本語のペアがいくつできるかを競うゲーム。ひろえるカードは10まい。まい数がきまっているので、なるべくむだなカードをとらないようにするのがポイントです。

ゲームのやりかた

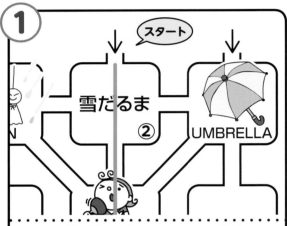

めいろの上と下に、矢じるしのついた入口があります。そのなかから、好きな入口をえらんでめいろに入ります。

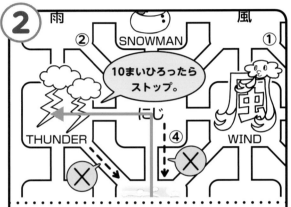

英語や日本語のかかれたカードをひろいながら進みます。一度通ったところをもう一度通ったり、バックしてはいけません。ちょうど10まいのカードをひろったら、そこで止まります。

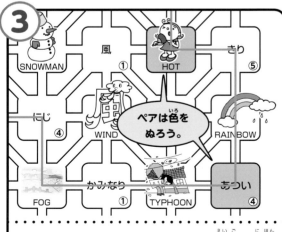

それまでにひろったカードのなかに、英語と日本語でおなじものがかいてあるカードがあったら、色をぬりましょう。

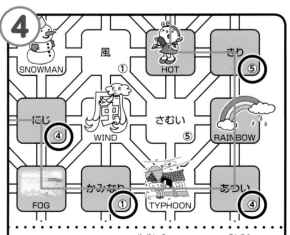

ペアになったカードの日本語のほうに、点数がかいてあります。きみがつくったペアの点数をぜんぶ合計したものが、得点になります。

こたえの例

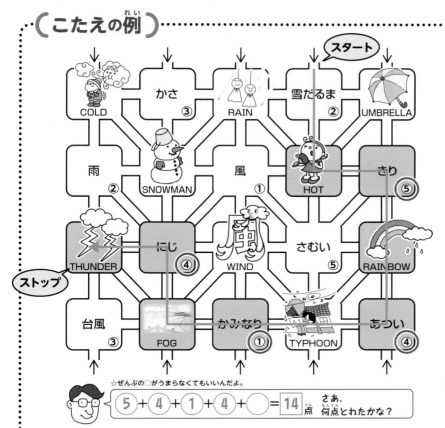

この例では、
⑤+④+①+④
＝14点で、
得点は14点になるね。

☆ぜんぶの○がうまらなくてもいいんだよ。

⑤+④+①+④+○＝14点　さあ、何点とれたかな？

※10まいのカードのうちペアは4組だったから、こたえの○は1つ空いているよ。

今回つかう単語はコレ

【天気にかんする言葉】
- □ COLD ＝さむい
- □ FOG ＝きり
- □ HOT ＝あつい
- □ RAIN ＝雨
- □ RAINBOW ＝にじ
- □ SNOWMAN ＝雪だるま
- □ THUNDER ＝かみなり
- □ TYPHOON ＝台風
- □ UMBRELLA ＝かさ
- □ WIND ＝風

【からだ】
- □ back ＝せなか
- □ eye ＝目
- □ face ＝顔
- □ hair ＝かみの毛
- □ hand ＝手
- □ knee ＝ひざ
- □ mouth ＝口
- □ shoulder ＝かた
- □ stomach ＝おなか
- □ toe ＝つまさき

【色】
- □ black ＝くろ
- □ blue ＝あお
- □ brown ＝ちゃいろ
- □ green ＝みどり
- □ orange ＝オレンジ
- □ pink ＝ピンク
- □ purple ＝むらさき
- □ red ＝あか
- □ white ＝しろ
- □ yellow ＝きいろ

【教室にあるもの】
- □ blackboard ＝黒板
- □ chair ＝いす
- □ chalk ＝チョーク
- □ dictionary ＝辞書
- □ eraser ＝消しゴム
- □ glue ＝のり
- □ notebook ＝ノート
- □ pencil ＝えんぴつ
- □ ruler ＝じょうぎ
- □ scissors ＝はさみ
- □ stapler ＝ホチキス
- □ textbook ＝教科書

※単語表は、本文の表記通りです。

キソ編 6　①お天気めいろ

最初は、天気の話題に出てくる英語をおぼえよう。
ひろえるカードは10まいまでだよ。

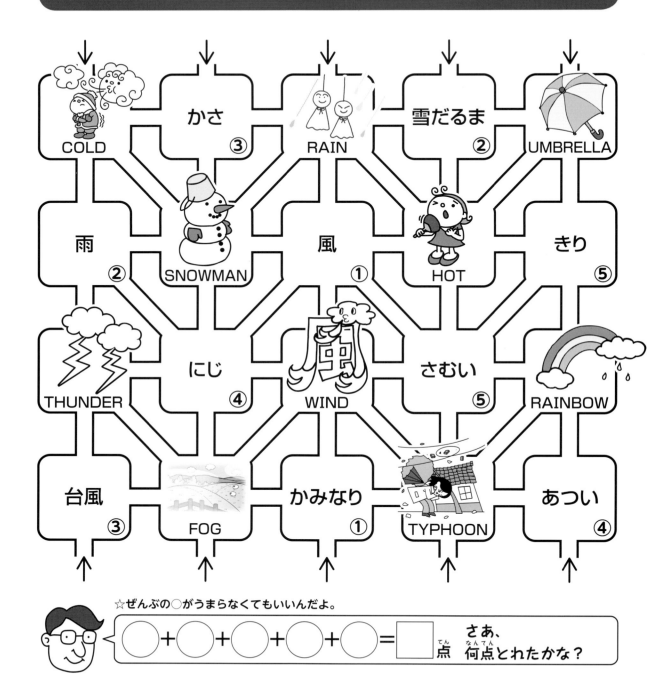

☆ぜんぶの○がうまらなくてもいいんだよ。

○＋○＋○＋○＋○＝□点　さあ、何点とれたかな？

	1回目	2回目	3回目	4回目
さんの得点	点	点	点	点
さんの得点	点	点	点	点

勝ったほうに色をぬろう！

キソ編 6 ❷ からだめいろ

今度は、からだのいろいろな部分のいいかたにちょうせん。
ひろえるカードは10まいまでだよ。

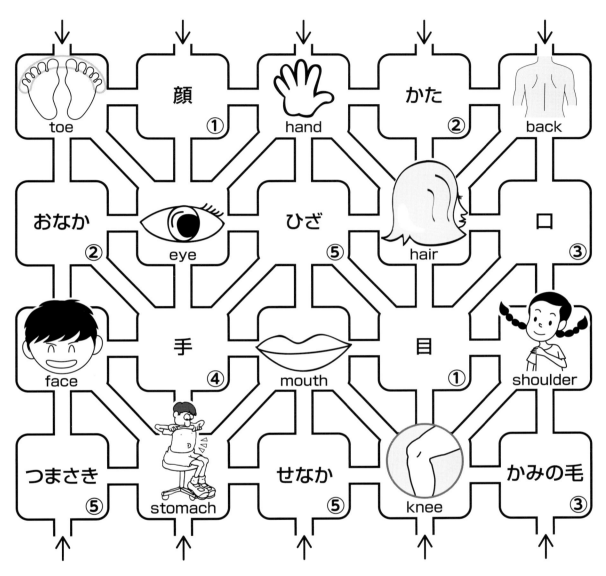

☆ぜんぶの○がうまらなくてもいいんだよ。

◯ + ◯ + ◯ + ◯ + ◯ = ☐ 点

入口をかえて、チャレンジしてみよう！

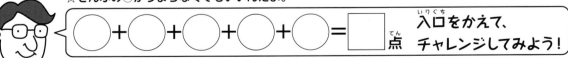

❸色ペアめいろ

キソ編 6

英語と日本語の色の名前をくみあわせてね。ひろえるカードは10まいまでだよ。
英語の意味がわからなかったら51ページを見てかんがえよう。

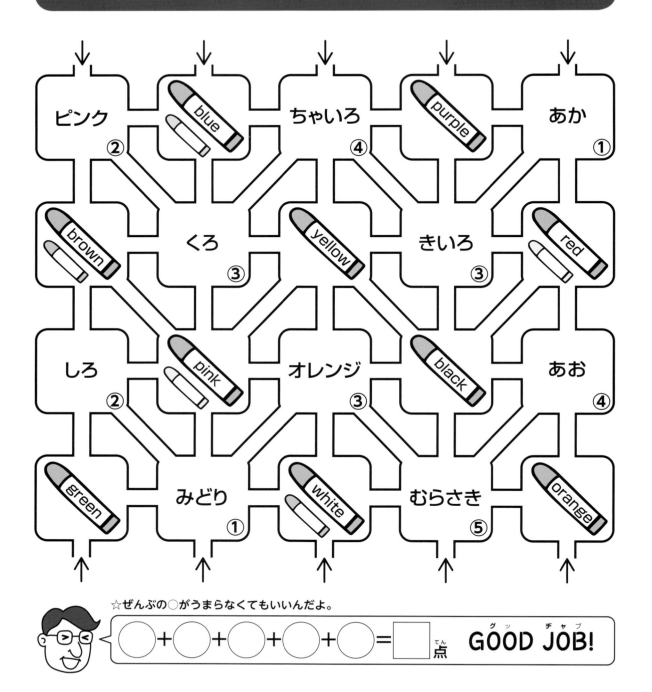

☆ぜんぶの○がうまらなくてもいいんだよ。

◯＋◯＋◯＋◯＋◯＝☐点 GOOD JOB!

	1回目	2回目	3回目	4回目
さんの得点	点	点	点	点
さんの得点	点	点	点	点

勝ったほうに色をぬろう!

キソ編 6 ④教室めいろ

今までよりめいろが大きくなるよ。教室にあるものがならんでいるよ。
高得点をねらうためにはどのペアをとるか、よくかんがえてスタートしよう。

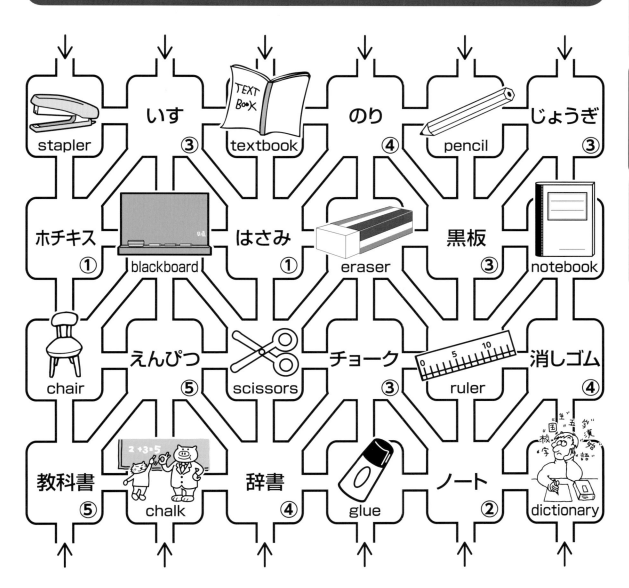

☆ぜんぶの○がうまらなくてもいいんだよ。

○ + ○ + ○ + ○ + ○ = □ 点　ちょっとむずかしかったかな？

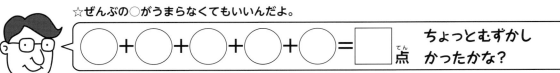

勝ったほうに色をぬろう！

ハッテン編 1 カードあつめチャレラン

❶バイキングパーティ　❷街に出かけよう その1　❸街に出かけよう その2　❹学校探検隊 その1　❺学校探検隊 その2

やりかたは30ページのチャレランとおなじです。カードをあつめながら、たくさん単語をおぼえましょう。

今回つかう単語はコレ

【食べもの】
- ☐ beef stew ＝ビーフシチュー
- ☐ beer ＝ビール
- ☐ omelet ＝オムレツ
- ☐ pizza ＝ピザ
- ☐ salad ＝サラダ
- ☐ sandwich ＝サンドイッチ
- ☐ soup ＝スープ
- ☐ spaghetti ＝スパゲッティ
- ☐ wine ＝ワイン

【街その1】
- ☐ BANK ＝銀行
- ☐ BOOKSTORE ＝書店
- ☐ HOTEL ＝ホテル
- ☐ MOVIE THEATER ＝映画館
- ☐ POLICE BOX ＝交番
- ☐ POST OFFICE ＝郵便局
- ☐ RESTAURANT ＝レストラン
- ☐ STATION ＝駅

【街その2】
- ☐ city hall ＝市役所
- ☐ department store ＝デパート
- ☐ fire station ＝消防署
- ☐ gas station ＝ガソリンスタンド
- ☐ hospital ＝病院
- ☐ main street ＝大通り
- ☐ parking ＝ちゅう車場
- ☐ police station ＝警察署
- ☐ subway ＝地下鉄

【学校その1】
- ☐ classroom ＝教室
- ☐ computer room ＝パソコン室
- ☐ craft room ＝美術室
- ☐ gymnasium ＝体育館
- ☐ library ＝図書館
- ☐ music room ＝音楽室
- ☐ nurse's office ＝保健室
- ☐ office ＝事務室
- ☐ science laboratory ＝理科室

- ☐ swimming pool ＝プール
- ☐ teachers' room ＝職員室
- ☐ toilet ＝トイレ

【学校その2】
- ☐ art ＝美術
- ☐ club activities ＝クラブ活動
- ☐ English ＝英語
- ☐ Japanese ＝国語
- ☐ mathematics ＝数学
- ☐ music ＝音楽
- ☐ physical education ＝体育
- ☐ science ＝理科
- ☐ social studies ＝社会

ひろったカードにかかれている単語を声にだして読みながら進んでみるのもいいね！

ハッテン編 1 ❶バイキングパーティ

おいしそうな食べものがいっぱいだよ。
たくさんのテーブルをまわっておなかいっぱい食べよう。

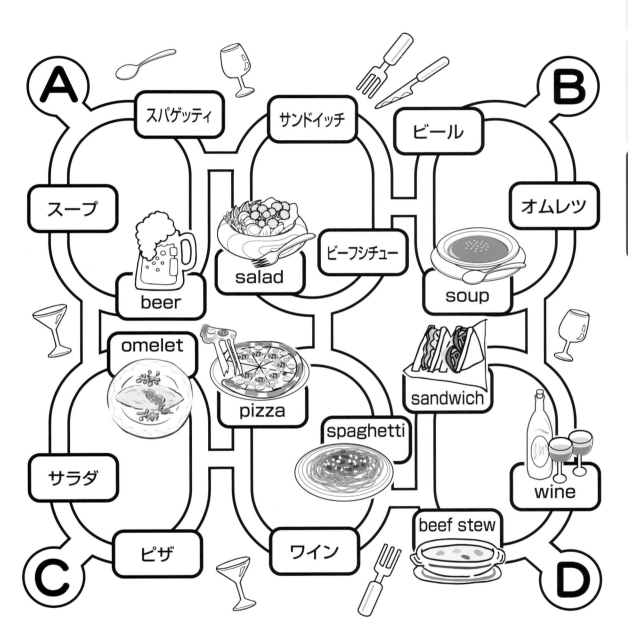

勝ったほうに色をぬろう!

②街に出かけよう その1

街のなかにはいろんなたてものがあるね。
英語のいいかたをおぼえて、外国人の友だちを案内してあげよう。

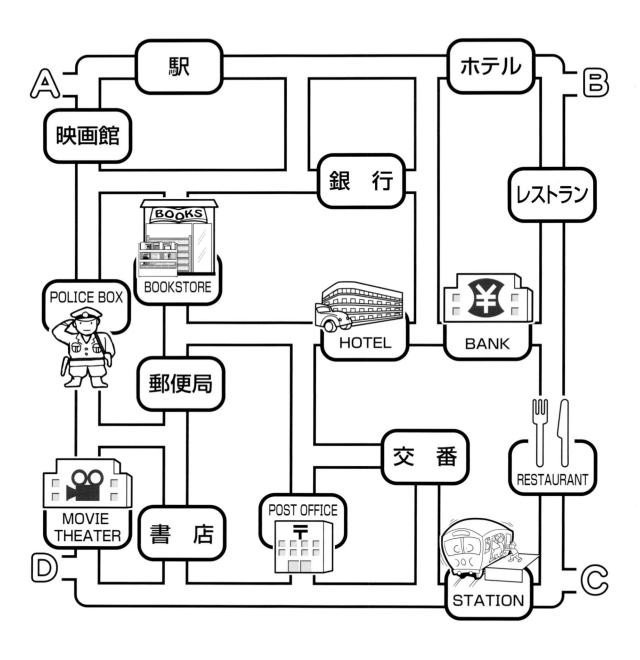

勝ったほうに色をぬろう！

ハッテン編 1 ❸街に出かけよう その2

街には、まだまだいろんなたてものがあるよ。
なるべくたくさんのたてものをまわって歩こう。

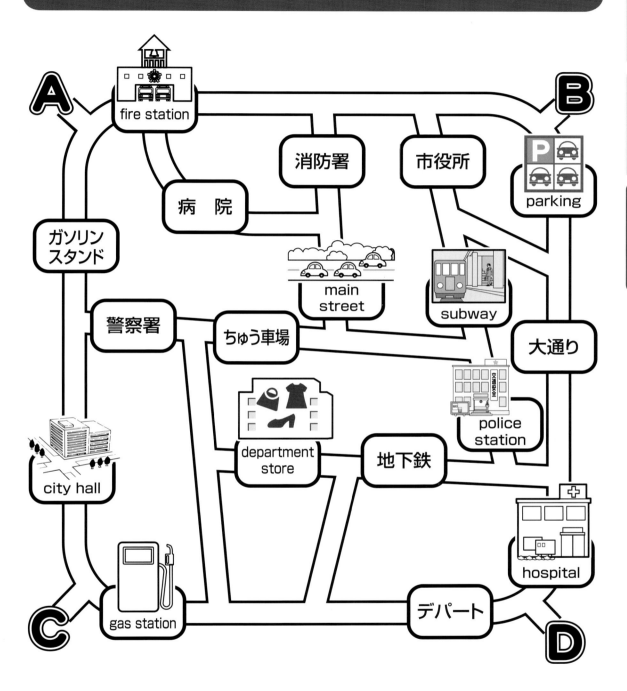

勝ったほうに色をぬろう！

ハッテン編 1 ④学校探検隊 その1

学校のなかにもいろんな場所があるね。
たくさんの場所をうまくまわる道はあるかな？

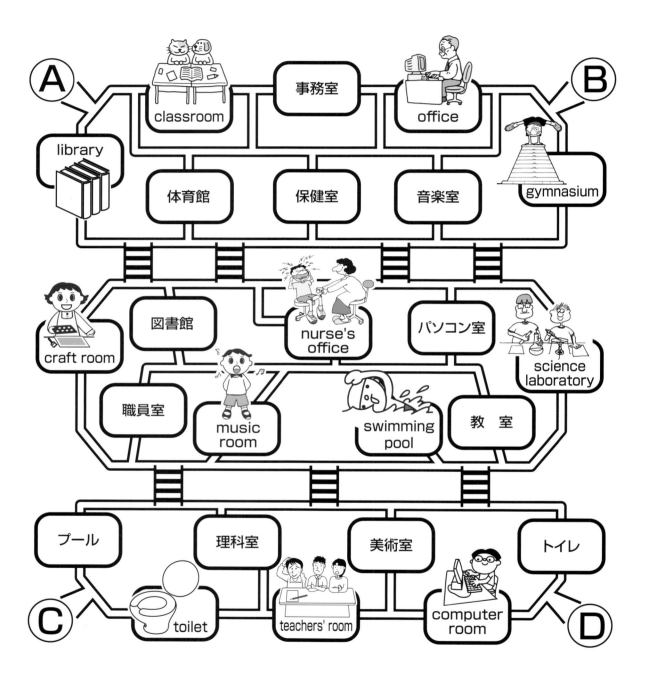

	1回目	2回目	3回目	4回目
さんの得点	点	点	点	点
さんの得点	点	点	点	点

勝ったほうに色をぬろう！

⑤ 学校探検隊 その2

学校ではいろいろ勉強するね。
きみはどの教科がとくい？

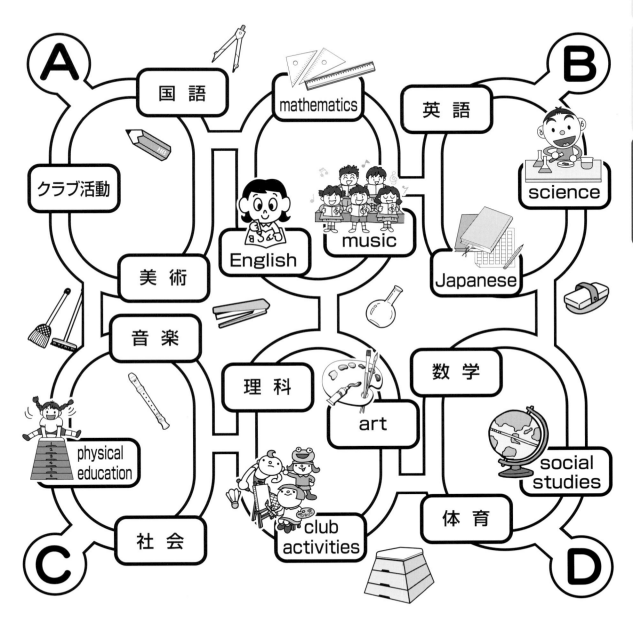

勝ったほうに色をぬろう！

ハッテン編 2 赤チーム・青チームチャレラン

バラバラにならんでいるカードを2つのチームに切りわけて、おなじ意味のカードをくみあわせましょう。ひくいチームの点数がきみの得点になります。両チームとも同点くらいにできると高得点になります。

ゲームのやりかた

①

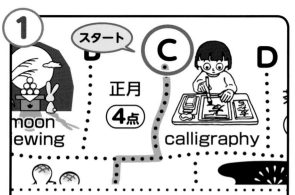

AからRまでのアルファベットのなかから自分の好きなところを1つえらび、○をつけます。そこからスタートして、点線をなぞりながら、別のアルファベットのところまでいきます。まがるところは自由、どこで切りわけてもいいです。

②

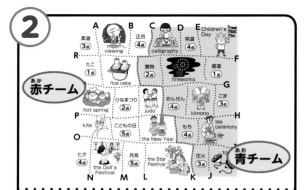

今なぞった線で、カード全体が2つのチームにわけられました。左上「柔道」が入ったほうを赤チーム、もう1つを青チームとします。わかりやすくするため、片方のチームにえんぴつでうすく色をぬりましょう。

③

それぞれのチームのなかで、おなじ意味の英語と日本語がそろったら、両方に○をつけましょう。

④

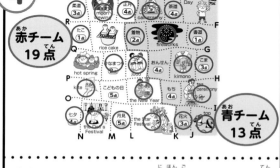

○をつけたカードのうち、日本語のカードには点数がかかれています。赤チームと青チームの点数をべつべつに合計しましょう。ひくいチームの点数がきみの得点になります。上の例では青チームの13点がきみの得点です。

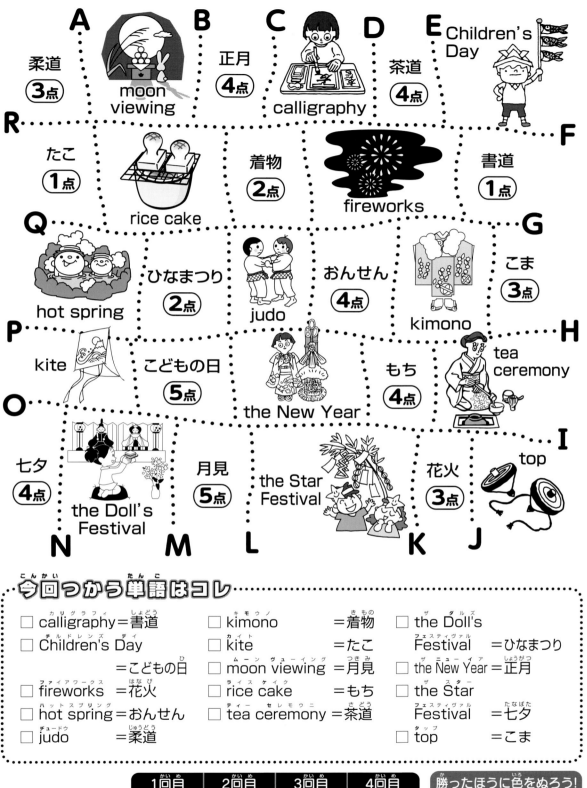

今回つかう単語はコレ

- calligraphy = 書道
- Children's Day = こどもの日
- fireworks = 花火
- hot spring = おんせん
- judo = 柔道
- kimono = 着物
- kite = たこ
- moon viewing = 月見
- rice cake = もち
- tea ceremony = 茶道
- the Doll's Festival = ひなまつり
- the New Year = 正月
- the Star Festival = 七夕
- top = こま

勝ったほうに色をぬろう！

ハッテン編 3 好きなものじゅんチャレラン

❶楽器めいろ　❷スポーツめいろ　❸季節めいろ　❹食べもの頭文字めいろ　❺生きもの頭文字めいろ

44ページとおなじやりかたのチャレランです。どこまで進めるかやってみましょう。

今回つかう単語はコレ

【楽器】
- ☐ flute ＝フルート
- ☐ piano ＝ピアノ
- ☐ trumpet ＝トランペット
- ☐ violin ＝バイオリン

【スポーツ】
- ☐ baseball ＝野球
- ☐ soccer ＝サッカー
- ☐ swimming ＝水泳
- ☐ volleyball ＝バレーボール

【季節】
- ☐ SPRING ＝春
- ☐ SUMMER ＝夏
- ☐ FALL* ＝秋
- ☐ WINTER ＝冬

【食べもの】
- ☐ banana ＝バナナ
- ☐ bean ＝豆
- ☐ beef ＝牛肉
- ☐ beer ＝ビール
- ☐ bread ＝パン
- ☐ cabbage ＝キャベツ
- ☐ cake ＝ケーキ
- ☐ carrot ＝にんじん
- ☐ cherry ＝さくらんぼ
- ☐ chicken ＝とり肉
- ☐ corn ＝とうもろこし
- ☐ marmalade ＝マーマレード
- ☐ melon ＝メロン
- ☐ milk ＝牛乳
- ☐ mushroom ＝きのこ
- ☐ pea ＝えんどう豆
- ☐ peach ＝もも
- ☐ pizza ＝ピザ
- ☐ pork ＝ぶた肉
- ☐ potato ＝じゃがいも
- ☐ pumpkin ＝かぼちゃ

【動物】
- ☐ deer ＝しか
- ☐ dog ＝いぬ
- ☐ dolphin ＝いるか
- ☐ dragonfly ＝とんぼ
- ☐ duck ＝あひる
- ☐ panda ＝パンダ
- ☐ parrot ＝おうむ
- ☐ peacock ＝くじゃく
- ☐ penguin ＝ペンギン
- ☐ pig ＝ぶた
- ☐ pony ＝ポニー
- ☐ salmon ＝さけ
- ☐ shark ＝さめ
- ☐ sheep ＝ひつじ
- ☐ snail ＝かたつむり
- ☐ snake ＝へび
- ☐ spider ＝くも
- ☐ swallow ＝つばめ
- ☐ tarantula ＝タランチュラ
- ☐ tiger ＝とら
- ☐ turkey ＝七面鳥
- ☐ turtle ＝海がめ

＊AUTUMNといういいかたもあります。

	1回目	2回目	3回目	4回目
さんの得点	点	点	点	点
さんの得点	点	点	点	点

勝ったほうに色をぬろう！

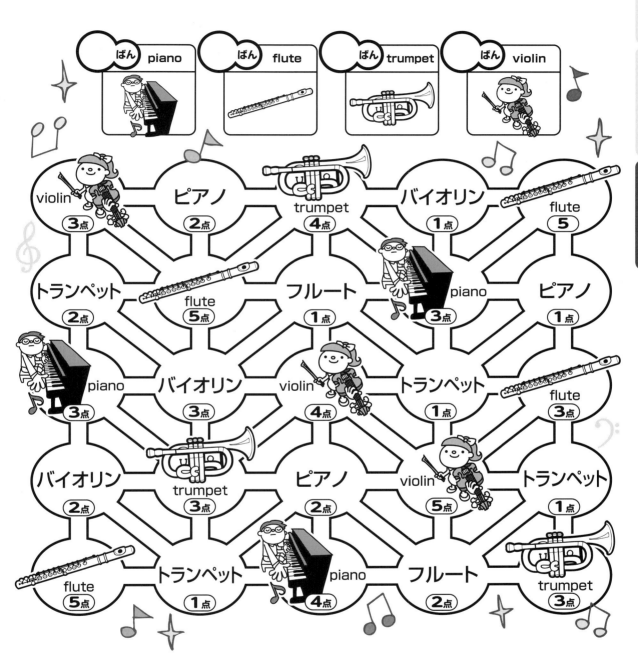

❷ スポーツめいろ

ハッテン編 3

4つのスポーツのなかで、どれがいちばん好きかな？
好きなじゅんばんをきめて進んでいこう。

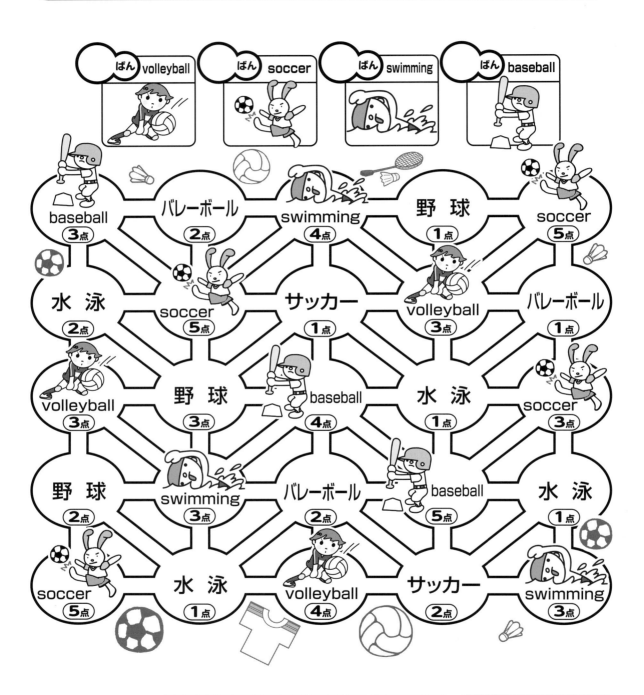

勝ったほうに色をぬろう！

ハッテン編 3 ❸ 季節めいろ

きみはどの季節がいちばん好きかな？
高得点をめざして、じゅんばんをかえて何回も挑戦してみよう。

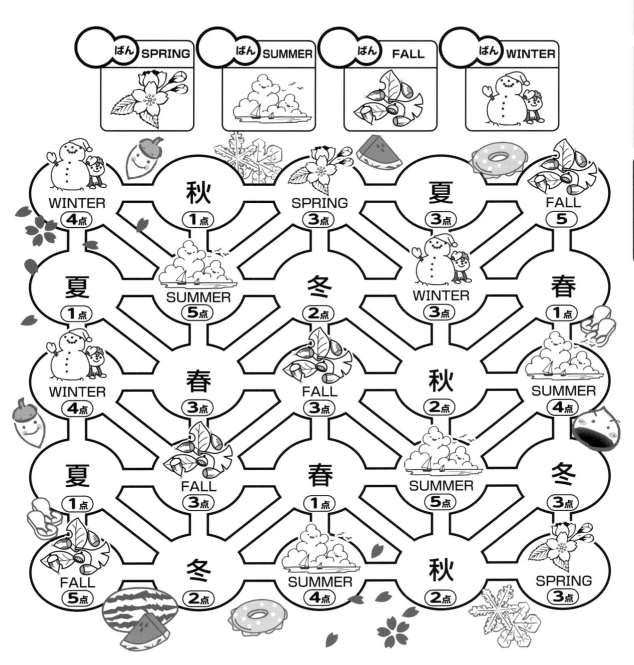

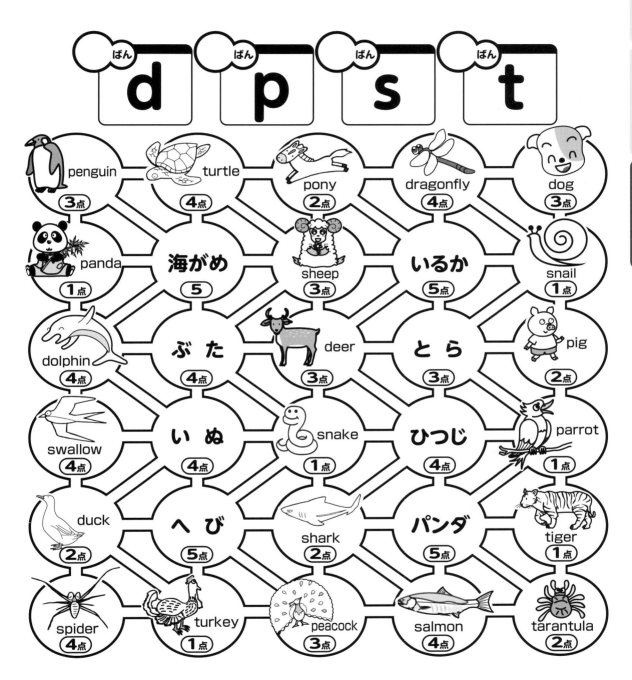

ハッテン編 4 英語でしりとりチャレラン

今度は、英語でしりとりにちょうせんしてみましょう。日本語のしりとりが得意なひとも、これにはあんがいてこずるかもしれません。

ゲームのやりかた

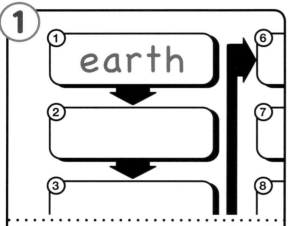

好きなアルファベットを1つえらび、その文字で始まる単語をリストからさがして最初のらんにかきます。

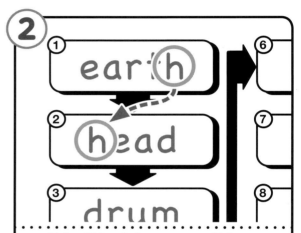

その単語の最後の文字からはじまる単語をさがして、次のらんにかきます。おなじようにして、どんどん単語をつなげていきます。

③
- Ⓐ air, album ＝ 空気、アルバム
- Ⓑ big, body ＝ 大きい、からだ
- Ⓒ crow, cup ＝ カラス、コップ
- Ⓓ doctor, drum ＝ 医者、ドラム
- Ⓔ earth, egg ＝ 地球、たまご
- Ⓕ father, fish ＝ 父、魚
- Ⓖ gate, girl ＝ 門、少女
- Ⓗ head, house ＝ あたま、家

一度つかった単語をもう一度つかうことはできません。つかった単語には×をつけておくといいでしょう。

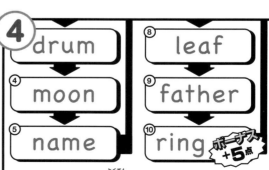

これまでのきみの得点
10点＋ボーナス5点＝15点

それ以上つなげられる単語がなくなったら、そこでおわりです。つなげられた単語の数が、きみの得点です。さらに「ボーナス」とかかれたらんを通れば、そこにかかれた得点を足すことができます。

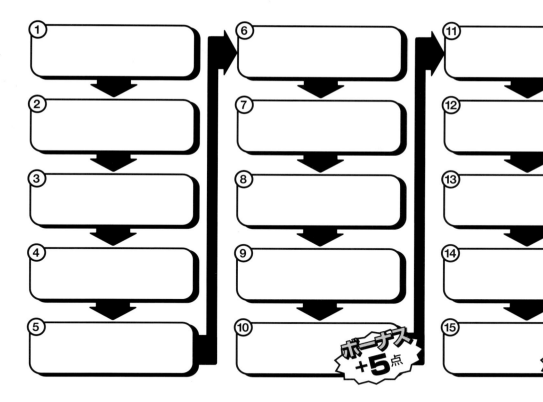

今回つかう単語はコレ

- **A** air, album = 空気、アルバム
- **B** big, body = 大きい、からだ
- **C** crow, cup = カラス、コップ
- **D** doctor, drum = 医者、ドラム
- **E** earth, egg = 地球、たまご
- **F** father, fish = 父、魚
- **G** gate, girl = 門、少女
- **H** head, house = あたま、家
- **I** ice, insect = こおり、こんちゅう
- **J** Japan, job = 日本、しごと
- **K** key, king = かぎ、王さま
- **L** law, leaf = 法りつ、はっぱ
- **M** map, moon = 地図、月
- **N** name, news = 名前、ニュース
- **O** old, ox = 古い、おうし
- **P** park, picnic = 公園、ピクニック
- **Q** queen, quiz = 女王、クイズ
- **R** ring, room = ゆびわ、部屋
- **S** school, sun = 学校、太陽
- **T** taxi, teacher = タクシー、先生
- **U** umbrella, under = かさ、〜の下に(で)
- **V** video, violin = ビデオ、バイオリン
- **W** way, week = 道、週
- **X** ———
- **Y** you, young = あなた、わかい
- **Z** zebra, zoo = しまうま、動物園

※単語表は、本文の表記通りです。

ハッテン編 5 動物勝ち負けチャレラン

なかのよい動物たちが2チームにわかれてたのしいあそびを始めました。上の動物たちがきみのチームです。ぶつかったら勝負！ 数字の大きいほうが勝ちです。どの道を通れなくするかがポイントになります。

ゲームのやりかた

①
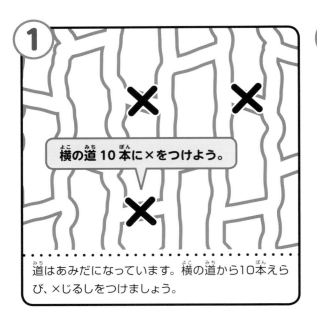

道はあみだになっています。横の道から10本えらび、×じるしをつけましょう。

横の道10本に×をつけよう。

②

×をつけた道は通れません。

上の絵がきみのチームです。その絵のなかから1つえらんで、あみだのようりょうで下に進んでいきます。たての道はまっすぐ進み、横の道にぶつかったら横にまがります。

③
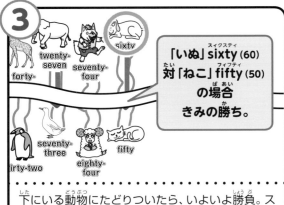

「いぬ」sixty(60)対「ねこ」fifty(50)の場合きみの勝ち。

下にいる動物にたどりついたら、いよいよ勝負。スタートしたところの英語でかかれた数字が、たどりついた下の絵にかかれた数字より大きければ勝ちです。きみが勝った場合は、その絵に○をつけましょう。

④

この数字をたしていこう

上のすべての動物たちもおなじように対決をします。すべての対決がおわったら、得点の計算をしましょう。○をつけた動物についている数字をすべて足します。これがきみの得点になります。

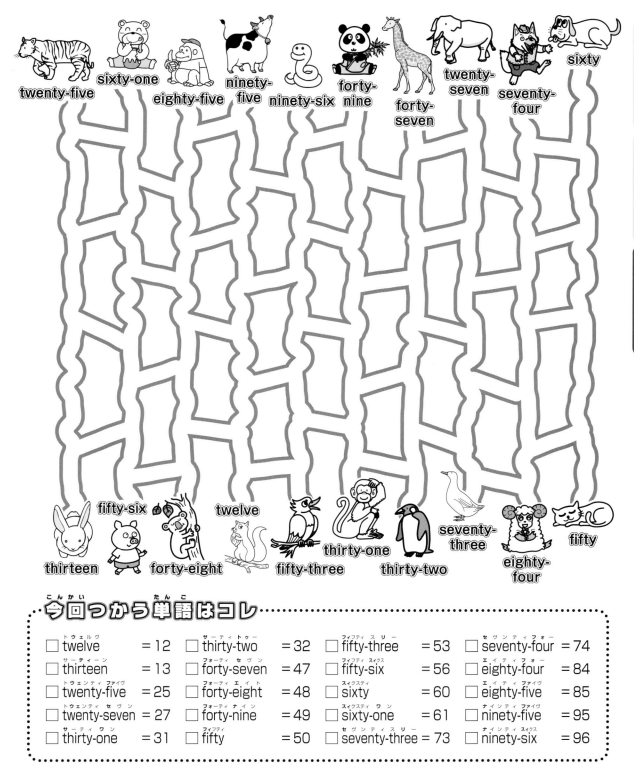

ハッテン編 6 計算めいろチャレラン

❶お部屋でめいろ　❷ダイニングルームめいろ　❸クラブ活動で友だちつくろう　❹かなえよう、きみの夢

ちょっとむずかしいめいろにチャレンジしてみましょう。道にかいてある点数を計算しながらめいろを進み、持ち点をふやしていくゲームです。

ゲームのやりかた

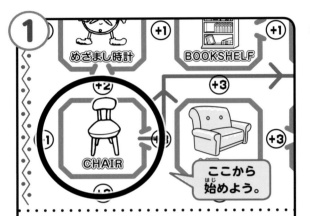

部屋にあるいろんな家具がならんだめいろがあります。まず、英語か日本語の単語のなかから、好きなものを1つえらんで○をつけます。そこからめいろに入ります。

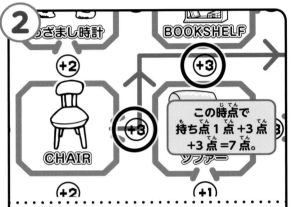

はじめに持ち点が1点あります。部屋を出てとちゅうにかいてある点数を計算しながら、めいろを進みましょう。単語の入っているボックスから出入りできるのは、1か所だけです。

おなじ道をもう一度通ることはできませんが、交差点で交差したり、すれちがうことはできます。

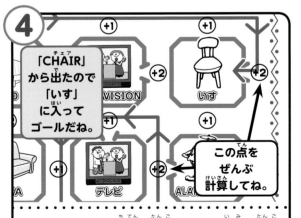

ゴールはスタート地点の単語とおなじ意味の単語がかいてあるところです（スタートが英語ならゴールは日本語、スタートが日本語ならゴールは英語）。ゴールしたときの持ち点が、きみの得点です。

こたえの例

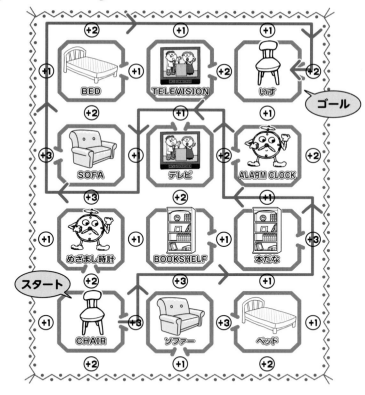

この例では、
持ち点1点＋
3点＋3点＋1点
＋3点＋1点＋2点
＋1点＋1点＋3点
＋3点＋1点＋2点
＋1点＋1点＋2点
＝ 29点
で、得点は
29点。

今回つかう単語はコレ

【個室にあるもの】
- □ ALARM CLOCK ＝めざまし時計
- □ BED ＝ベッド
- □ BOOKSHELF ＝本だな
- □ CHAIR ＝いす
- □ SOFA ＝ソファー
- □ TELEVISION ＝テレビ

【お茶の間、食堂にあるもの】
- □ chopsticks ＝はし
- □ fork ＝フォーク
- □ glass ＝グラス
- □ kettle ＝やかん
- □ knife ＝ナイフ
- □ napkin ＝ナプキン
- □ plate ＝皿
- □ spoon ＝スプーン

【クラブ活動でつかうもの】
- □ computer ＝コンピューター
- □ drum ＝ドラム
- □ globe ＝地球ぎ
- □ microphone ＝マイク
- □ microscope ＝けんび鏡
- □ piano ＝ピアノ
- □ sewing machine ＝ミシン
- □ sketchbook ＝スケッチブック
- □ spirit lamp ＝アルコールランプ
- □ telescope ＝ぼうえん鏡
- □ thermometer ＝温度計
- □ world map ＝世界地図

【職業】
- □ announcer ＝アナウンサー
- □ baseball player ＝野球選手
- □ bus driver ＝バスの運転手
- □ carpenter ＝大工
- □ designer ＝デザイナー
- □ doctor ＝医者
- □ farmer ＝農家
- □ fire fighter ＝消防士
- □ fisherman ＝漁師
- □ florist ＝花屋さん
- □ hairdresser ＝美容師
- □ nurse ＝看護師
- □ pilot ＝パイロット
- □ scientist ＝科学者
- □ teacher ＝先生

※単語表は、本文の表記通りです。

①お部屋でめいろ

ハッテン編 6

まずはきみの部屋にもあるもの。ひとつの部屋をえらんで、それとおなじ意味がかかれた部屋がゴールになるよ。

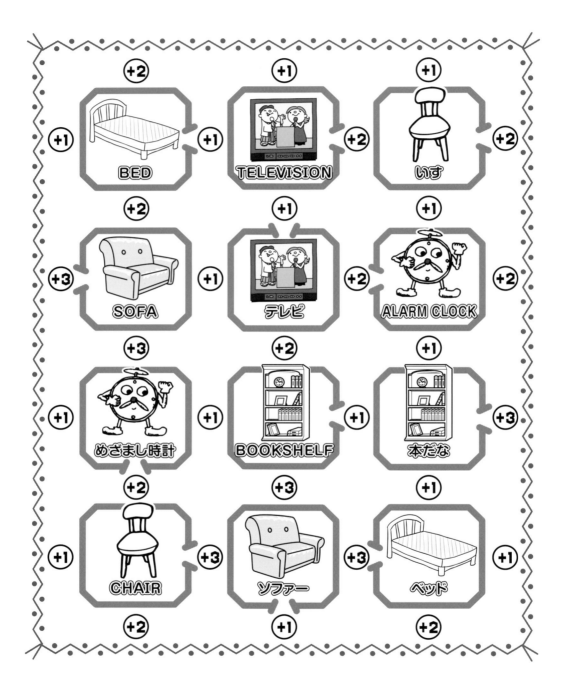

ハッテン編 6 ❷ダイニングルームめいろ

これはダイニングルーム、ごはんを食べるところだね。
ここからは、絵がつくのは英語のほうだけになるよ。

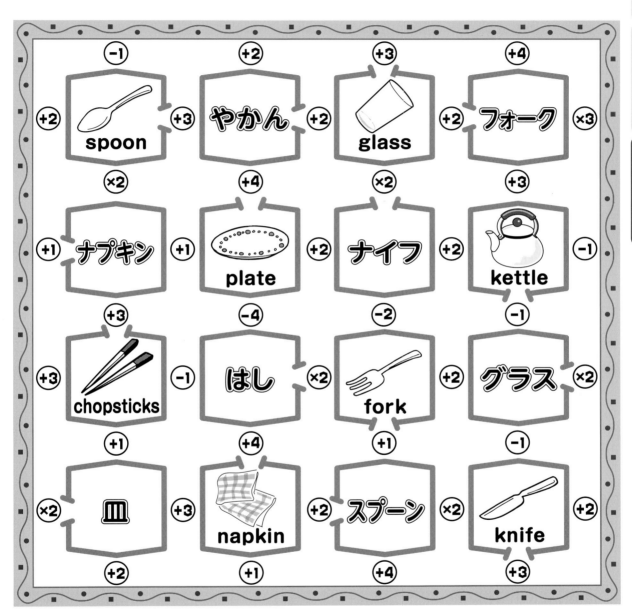

勝ったほうに色をぬろう!

❸クラブ活動で友だちつくろう

学校にはいろいろなクラブ活動があるよね。
どんな道具をつかうのかな。

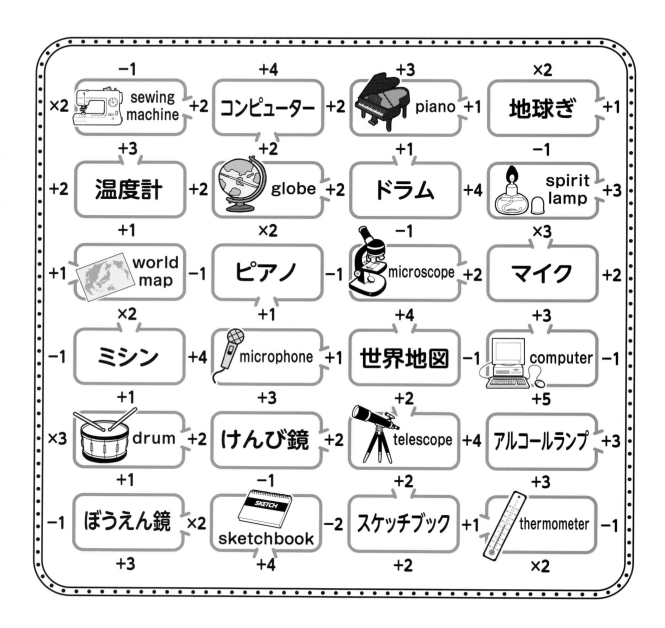

④かなえよう、きみの夢

きみが将来なりたい職業をえらんで、めいろを進んでみよう。

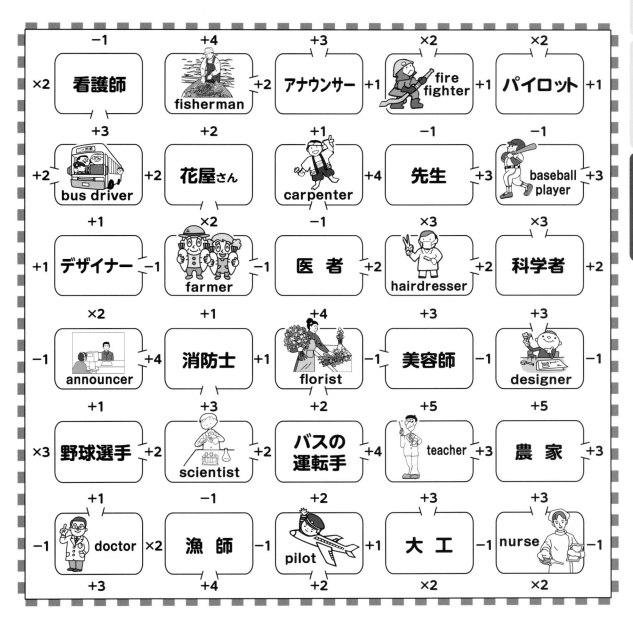

勝ったほうに色をぬろう！

●監修／伊藤亮介
　1959年生まれ。千葉県八千代市在住。
　効果の上がる指導法や指導技術を研究する全国の教師の研究団体ＴＯＳＳ（代表　向山洋一）の中央
　事務局員を務める傍ら、楽しみながら学べる学習ゲーム教材の開発をおこなっている。その代表作の
　ペーパーチャレランは、文部省後援の全国コンテストに採用されたり、さまざまな教育雑誌に連載さ
　れ、実施者数はのべ120万人を超えている。

●編／こどもくらぶ
　「こどもくらぶ」は、あそび・教育・福祉分野で子どもに関する書籍を企画・編集しているエヌ・アン
　ド・エス企画編集室の愛称。図書館用書籍として、毎年100タイトル以上を企画・編集している。
　主な作品として、『目で見る算数の図鑑』（東京書籍）、「世界遺産になった和紙」シリーズ全4巻（新
　日本出版社）などがある。

●デザイン・DTP／菊地隆宣　高橋博美　信太知美

●制作／株式会社エヌ・アンド・エス企画

※この本の英語の読み方（カタカナ表記）は、
　『ニュースクール英和辞典〈第二版〉』（研究社）に準じています。

なんどでもたのしめる！　みんなでたのしめる！　ペーパーゲーム
英語ペーパーチャレラン厳選・保存版　　　　　　　　　　NDC 798
2016年5月25日　第1版

監　修／伊藤亮介
編　集／こどもくらぶ
発行者／稲葉茂勝
発売所／株式会社 今人舎
　　　　〒186-0001 東京都国立市北1-7-23
　　　　TEL 042-575-8888　FAX 042-575-8886
　　　　E-mail　nands@imajinsha.co.jp　　URL http://www.imajinsha.co.jp
印刷・製本／株式会社 平河工業社

©2016Kodomo Kurabu　ISBN978-4-905530-57-2　　Printed in Japan
定価はカバーに表紙してあります。落丁本・乱丁本はお取替えいたします。